marabout**chef**

les meilleurs desserts

TOUTES LES RECETTES

4 DESSERTS AUX FRUITS

22 GÂTEAUX

38 TARTES

D'UN COUP D'ŒIL

59

64

72

80

66

62

66

58 CHOCOLAT

94

88

82

86

84

92

90

54 CRÈMES & GLACES

112

114

114

114

114

112

72

98 CAFÉ GOURMAND

Desserts aux fruits

Poires pochées au vin rouge

Pour 6 personnes

Préparation 20 minutes • Cuisson 2 heures
Réfrigération 2 heures

6 poires pelées, avec les queues
500 ml d'eau
500 ml de vin rouge
125 ml de liqueur à l'orange
4 zestes d'orange
165 g de sucre en poudre
1 gousse de vanille
glace à la vanille pour accompagner (facultatif)

Chips de poire

1 poire
110 g de sucre en poudre
125 ml d'eau

Préparez les chips de poire. Préchauffez le four à 120 °C. Étalez une feuille de papier sulfurisé graissé sur une plaque de cuisson. Coupez la poire en fines lamelles. Dans une casserole, faites fondre le sucre dans l'eau à feu moyen. Laissez bouillir 5 minutes pour que le sirop épaississe. Ajoutez les lamelles de poire, baissez le feu et laissez mijoter 5minutes. Égouttez-les bien puis étalez-les sur la plaque et faites-les sécher 2 heures au four, en les retournant plusieurs fois. Quand elles sont bien croustillantes, retirez-les du four et laissez-les refroidir à température ambiante.

1. Faites chauffer l'eau, le vin et la liqueur dans une casserole. Quand le mélange frémit, ajoutez les zestes et le sucre en remuant pour que ce dernier soit bien dissous. Ajoutez les poires et la gousse de vanille fendue en deux. Dès les premiers bouillons, baissez le feu, couvrez et laissez frémir 1 heure.

2. Quand les poires sont tendres, retirez-les de la casserole avec une écumoire et mettez-les dans un grand plat creux. Portez le sirop à ébullition et laissez frémir 10 minutes pour le faire réduire de moitié. Hors du feu, ôtez la gousse de vanille et les zestes d'orange. Versez le sirop tiède sur les poires puis mettez 2 heures au réfrigérateur.

3. Répartissez les poires dans des coupelles, garnissez de glace et de chips de poire ; nappez de sirop.

Fruits pochés au sirop de cassis

Pour 4 personnes

Préparation 10 minutes • Cuisson 20 minutes

1 gousse de vanille
125 ml d'eau
375 ml de sirop de cassis
4 abricots coupés en deux
4 prunes rouges coupées en deux
2 nectarines coupées en deux
2 pêches coupées en deux

1. Fendez la gousse de vanille en deux et mettez-la dans une casserole avec l'eau et le sirop de cassis. Portez à ébullition puis laissez frémir 5 minutes sans couvrir. Quand le sirop a épaissi, ajoutez les fruits et baissez le feu. Prolongez la cuisson 8 minutes, en retournant les fruits au moins deux fois.

2. Retirez la casserole du feu et enlevez la gousse de vanille. Répartissez les fruits au sirop dans des coupes à dessert et laissez tiédir à température ambiante.

Astuce *Servez ces fruits pochés avec de la crème fouettée, de la crème chantilly ou du fromage blanc aromatisé à la vanille.*

Prunes rôties au sirop et nougat glacé

Pour 8 personnes

Préparation 20 minutes
Congélation 12 heures • Cuisson 30 minutes

16 prunes rouges moyennes
1 gousse de vanille
125 ml de vin rouge
110 g de sucre glace

Nougat glacé

600 ml de crème fraîche épaisse
40 g de sucre glace
1 c. c. d'extrait de vanille
150 g de nougat tendre coupé en morceaux
80 g d'amandes grillées finement concassées

1. Préparez le nougat glacé (la veille, car il faut compter au moins 12 heures de congélation). Garnissez de film alimentaire un plat rectangulaire. Battez la crème fraîche, le sucre glace et l'extrait de vanille jusqu'à ce que de petits pics se forment à la surface. Incorporez les morceaux de nougat et les amandes puis étalez le mélange dans le moule. Congelez toute une nuit.

2. Préchauffez le four à 180 °C.

3. Faites une petite entaille en croix à la base de chaque prune puis mettez les fruits dans un plat allant au four (l'entaille doit être tournée vers le haut). Fendez la gousse de vanille en deux et mettez-la dans le plat.

4. Versez le vin sur les prunes et saupoudrez de sucre glace. Faites rôtir 30 minutes au four en arrosant régulièrement les fruits de leur jus de cuisson. Sortez le plat du four et laissez-le 10 minutes à température ambiante (enlevez la gousse de vanille). Retirez le nougat glacé du congélateur.

5. Répartissez la glace dans des assiettes à dessert, garnissez de prunes chaudes et nappez de sirop. Servez aussitôt.

Pavlova aux fruits rouges

Pour 8 personnes

Préparation 20 minutes • Cuisson 45 minutes

4 blancs d'œufs
250 g de sucre en poudre
4 c. c. de cannelle moulue
2 c. c. de zeste d'orange finement râpé
3 c. c. de farine de maïs
1 c. c. de vinaigre blanc
300 ml de crème fraîche épaisse
½ c. c. d'extrait de vanille
150 g de fraises coupées en tranches fines
300 g de framboises et de myrtilles mélangées

1. Préchauffez le four à 140 °C. Chemisez une plaque de cuisson de papier sulfurisé et dessinez un disque de 20 cm de diamètre.

2. Montez les blancs d'œufs en neige au batteur électrique puis incorporez le sucre en plusieurs fois, en battant bien entre chaque ajout. Continuez de battre 4 à 5 minutes, jusqu'à obtention d'un mélange épais et satiné. Ajoutez délicatement la cannelle, le zeste d'orange, la farine de maïs et le vinaigre. Étalez la meringue sur le disque dessiné en la lissant avec le dos d'une cuillère. Donnez-lui une forme légèrement bombée et ménagez une petite cuvette au centre.

3. Faites cuire la meringue 45 minutes au four puis coupez le feu et laissez-la refroidir dans le four en gardant la porte entrouverte. Fouettez la crème et l'extrait de vanille jusqu'à ce que de petits pics se forment à la surface. Garnissez-en le centre de la meringue, décorez de quelques fruits rouges et présentez le reste tout autour de la pavlova.

Astuces *Vous pouvez servir cette pavlova avec un assortiment de fruits exotiques (ananas frais, kiwis, oranges) ou d'autres fruits de saison (pêches et abricots, pastèque et melon), voire tout simplement garnie de crème fouettée et nappée d'un coulis de mangue ou de framboise (rayon surgelés). La meringue peut être préparée 4 jours à l'avance.*

Flan à la noix de coco et aux fruits de la passion

Pour 8 personnes

Préparation 15 minutes • Cuisson 45 minutes

90 g de noix de coco râpée
165 g de sucre en poudre
75 g de farine
4 œufs légèrement battus
125 g de beurre ramolli
6 fruits de la passion mixés
1 c. s. de jus de citron
2 c. s. de sucre glace

1. Préchauffez le four à 180 °C. Beurrez un moule à tarte à fond amovible.

2. Mélangez la noix de coco, le sucre et la farine puis incorporez les œufs, le beurre, les fruits de la passion et le jus de citron.

3. Versez la pâte dans le moule à tarte et faites cuire 45 minutes au four. Laissez refroidir dans le moule puis faites glisser la tarte sur un plat de présentation ; saupoudrez de sucre glace et servez.

Astuce *Vous pouvez remplacer les fruits de la passion par un coulis de mangue (rayon surgelés).*

Meringue aux pêches et aux framboises

Pour 8 personnes

Préparation 25 minutes • Cuisson 20 minutes

4 blancs d'œufs
165 g de sucre en poudre
1 c. c. de Maïzena
1 c. c. de vinaigre de vin blanc
25 g d'amandes effilées
3 pêches moyennes
300 ml de crème fraîche épaisse
1 c. s. de vin de pêche ou d'autre liqueur douce à votre convenance
120 g de framboises

1. Préchauffez le four à 180 °C. Garnissez de papier sulfurisé légèrement graissé le fond et les côtés d'un grand moule rectangulaire en le laissant dépasser légèrement.

2. Battez les blancs d'œufs en neige ferme, en incorporant le sucre cuillerée par cuillerée, puis la Maïzena et le vinaigre. Les blancs en neige doivent être très fermes, avec de petits pics à la surface.

3. Étalez-les dans le moule et saupoudrez d'amandes. Faites cuire 20 minutes au four, jusqu'à ce que la meringue soit ferme et légèrement dorée. Démoulez la meringue sur une feuille de papier sulfurisé et décollez le papier qui garnissait le moule. Laissez refroidir.

4. Incisez en croix la base des pêches puis mettez-les 1 minute dans un récipient d'eau bouillante. Passez-les sous l'eau froide puis retirez la peau ; coupez-les en petits morceaux.

5. Fouettez vigoureusement la crème et la liqueur jusqu'à ce que de petits pics se forment à la surface puis nappez-en la meringue. Garnissez de morceaux de pêche et de framboises entières. Roulez la meringue en vous aidant du papier sulfurisé et servez aussitôt.

Génoise à la rhubarbe et aux poires

Pour 6 personnes

Préparation 15 minutes • Cuisson 50 minutes

825 g de poires au sirop
800 g de rhubarbe coupée en tronçons de 4 cm
100 g de sucre en poudre
2 œufs
2 c. s. de farine
2 c. s. de farine avec levure incorporée
2 c. s. de Maïzena

1. Préchauffez le four à 180 °C.

2. Égouttez les poires. Réservez 180 ml de jus et mettez-le dans une casserole avec la rhubarbe et 2 cuillerées à soupe de sucre. Laissez cuire 5 minutes en remuant régulièrement. La rhubarbe doit être juste tendre. Ajoutez les poires puis transférez le mélange dans un plat profond allant au four.

3. Fouettez les œufs jusqu'à ce qu'ils moussent puis incorporez le reste du sucre cuillerée par cuillerée, sans cesser de battre. Incorporez délicatement les farines et la Maïzena.

4. Couvrez de ce mélange les fruits chauds et faites cuire 45 minutes au four. Retirez du four quand la pâte est dorée et les fruits bien cuits.

Mini-charlottes aux fruits rouges

Pour 4 personnes

Préparation 15 minutes

12 biscuits de Savoie
250 ml de jus de canneberge
400 g de fromage blanc à la vanille
150 g de framboises fraîches
150 g de myrtilles fraîches

1. Trempez 3 biscuits dans le jus de canneberge et disposez-les debout dans un verre, contre la paroi. Répétez trois fois l'opération.

2. Répartissez la moitié du fromage blanc dans les verres, couvrez avec la moitié des fruits puis ajoutez le reste du fromage blanc et enfin le reste des fruits. Servez sans attendre.

Astuce *Vous pouvez préparer ce dessert quelques heures à l'avance et le conserver au réfrigérateur jusqu'au moment de servir.*

Millefeuille aux fruits rouges

Pour 8 personnes

Préparation 40 minutes
Réfrigération 30 minutes • Cuisson 12 minutes

2 feuilles de pâte feuilletée
2 c. s. de sucre glace
700 g de fruits rouges mélangés
1 c. s. de sucre glace en supplément (pour saupoudrer)

Crème fouettée
300 ml de crème fraîche épaisse
300 g de préparation pour crème anglaise
40 g de sucre glace

1. Préparez la crème fouettée. Mettez la crème 30 minutes au congélateur pour qu'elle soit très froide puis fouettez-la vigoureusement avec la préparation pour crème anglaise et le sucre glace, jusqu'à ce que de petits pics se forment à la surface. Réfrigérez 30 minutes avant d'en garnir les millefeuilles.

2. Préchauffez le four à 220 °C. Beurrez une plaque de cuisson.

3. Saupoudrez une feuille de pâte avec la moitié du sucre glace puis couvrez-la avec l'autre feuille de pâte. Découpez dans cette épaisseur seize disques de 6 cm de diamètre.

4. Saupoudrez le plan de travail avec le reste du sucre glace puis disposez dessus les disques de pâte. Aplatissez-les avec la paume de la main (vous devez obtenir seize ovales de 8 x10 cm) puis mettez-les sur les plaques de cuisson et faites-les cuire 12 minutes au four, jusqu'à ce qu'ils soient croustillants. En fondant, le sucre glace va caraméliser légèrement.

5. Disposez la moitié des disques de pâte sur des assiettes de service, garnissez de fruits et de crème fouettée puis fermez les millefeuilles avec les disques restants. Saupoudrez de sucre glace et servez.

Astuce *Vous pouvez préparer ce dessert la veille et l'assembler seulement au moment de servir. Conservez les disques de pâte croustillants dans un récipient hermétique et gardez la crème au réfrigérateur.*

Sorbet exotique et mangues grillées

Pour 4 personnes

Préparation 30 minutes • Cuisson 25 minutes
Congélation 15 heures environ

6 fruits de la passion mixés
250 ml d'eau
110 g de sucre en poudre
1 grosse mangue coupée en morceaux
+ 4 petites mangues entières
2 c. s. de liqueur d'orange
3 blancs d'œufs
2 c. s. de sucre roux
1 citron vert coupé en huit

1. Passez les fruits de la passion mixés dans un tamis fin ; réservez les pépins.

2. Faites dissoudre le sucre dans l'eau à feu moyen puis portez à ébullition. Dès les premiers bouillons, baissez le feu et laissez frémir 10 minutes sans remuer, pour faire épaissir le sirop. Laissez refroidir.

3. Mixez les morceaux de mangue, transférez-les dans un récipient et ajoutez les fruits de la passion mixés, le sirop de sucre et la liqueur d'orange. Étalez le mélange dans un moule rectangulaire en plastique ou en métal et congelez au moins 3 heures. Le sorbet doit être juste pris.

4. Battez le sorbet avec les blancs d'œufs pour obtenir une consistance mousseuse puis incorporez 2 cuillerées à soupe de pépins réservés. Remettez le mélange dans le moule, lissez la surface et faites prendre 12 heures au congélateur.

5. Au moment de servir, détaillez les mangues restantes en tranches épaisses puis incisez leur surface en losanges. Saupoudrez-les de sucre roux et faites-les rôtir sous le gril du four, jusqu'à ce que le sucre soit fondu et commence à caraméliser. Disposez deux tranches dans chaque assiette à dessert et garnissez de sorbet. Accompagnez de tranches de citron vert.

Bananes grillées

Pour 4 personnes

Préparation 10 minutes • Cuisson 10 minutes

4 bananes coupées en deux dans la longueur
55 g de sucre roux
20 g de beurre
2 c. s. de Malibu (liqueur à la noix de coco)
1 gousse de vanille
160 ml de crème fraîche épaisse
1 c. s. de sucre glace

1. Saupoudrez les bananes avec 1 cuillerée à soupe de sucre roux puis faites-les caraméliser sous le gril du four.

2. Mélangez le reste du sucre, le beurre et le Malibu dans une casserole. Faites chauffer à feu doux sans laisser bouillir. Réservez au chaud jusqu'au moment de servir.

3. Fendez la gousse de vanille en deux, grattez les graines et incorporez-les à la crème fraîche ; ajoutez le sucre glace et fouettez vigoureusement au batteur électrique.

4. Répartissez les bananes sur des assiettes à dessert, garnissez de crème fouettée et nappez de sauce chaude. Servez aussitôt.

Glace à la rhubarbe et au crumble

Pour 8 personnes

Préparation 10 minutes • Cuisson 10 minutes
Congélation 3 heures

220 g de rhubarbe coupée en morceaux
2 c. s. de sucre roux
2 litres de glace à la vanille
légèrement ramollie
125 g de biscuits au gingembre
grossièrement brisés

1. Faites cuire la rhubarbe et le sucre 5 minutes à feu vif dans une casserole. Quand les morceaux commencent à être tendres, baissez le feu et laissez frémir 5 minutes. Laissez refroidir.

2. Incorporez à la glace à la vanille la compote de rhubarbe et les morceaux de biscuits. Transférez le mélange dans un moule et faites prendre au moins 3 heures au congélateur.

Salade exotique

Pour 4 personnes

Préparation 10 minutes

1 petit ananas
1 fruit de la passion mixé
2 c. s. de Malibu (liqueur à la noix de coco)
10 g de noix de coco grossièrement râpée
et grillée à sec

1. Pelez l'ananas à vif, coupez-le en quatre, retirez le cœur et recoupez chaque quartier en très fines tranches.

2. Répartissez l'ananas dans des coupes à dessert, nappez-les de pulpe de fruit de la passion et de Malibu mélangés, puis décorez de noix de coco grillée. Servez sans attendre.

Verrine fraîcheur mangue-citron

Pour 6 personnes

Préparation 30 minutes + réfrigération • Cuisson 5 minutes

200 g de biscuits à la cuillère
2 feuilles de gélatine
3 c. s. de purée de mangue congelée
1 grosse mangue coupée en tranches fines

Mousse au citron

2 œufs, blancs et jaunes séparés
2 jaunes d'œufs
110 g de sucre en poudre
1 c. c. de zeste de citron finement râpé
½ feuille de gélatine
60 ml d'eau
1 c. s. de jus de citron
180 ml de crème fouettée

1. Coupez les biscuits en dés de 1 cm. Répartissez-les dans six coupes à dessert.

2. Faites tremper la gélatine dans la quantité d'eau tiède nécessaire puis mélangez le liquide obtenu avec la purée de mangue. Versez la moitié du mélange sur les biscuits et faites-le raffermir au réfrigérateur. Couvrez le reste de la gelée et mettez-le au réfrigérateur jusqu'à ce qu'il ait la consistance d'un blanc d'œuf.

3. Préparez la mousse au citron : battez ensemble tous les jaunes d'œufs, la moitié du sucre et le zeste de citron pour obtenir un mélange mousseux. Mettez la gélatine dans l'eau et faites-la fondre au bain-marie, au-dessus d'une casserole d'eau frémissante. Ajoutez le jus de citron puis incorporez ce mélange aux œufs battus. Battez les blancs d'œufs, jusqu'à ce que de petits pics se forment à la surface, puis ajoutez progressivement le reste de sucre sans cesser de battre. Quand le mélange est ferme, incorporez-le à la préparation aux œufs avant d'ajouter la crème fouettée. Remuez délicatement.

4. Réservez six tranches de mangue ; mixez le reste. Répartissez le reste de la gelée dans les coupes, ajoutez la purée de mangue et couvrez de mousse au citron. Laissez raffermir au réfrigérateur. Au moment de servir, décorez chaque coupe d'une tranche de mangue.

Tarte aux poires

Pour 4 personnes

Préparation 10 minutes • Cuisson 20 minutes

1 rouleau de pâte feuilletée
1 œuf légèrement battu
825 g de poires au sirop
1 c. s. de sirop d'érable
30 g de beurre fondu
un peu de sucre glace

1. Préchauffez le four à 200 °C. Beurrez une plaque de cuisson.

2. Découpez deux grands rectangles dans la pâte feuilletée et disposez-les sur la plaque de cuisson, à 2 cm d'intervalle. Badigeonnez-les d'œuf battu.

3. Disposez trois moitiés de poire sur chaque rectangle de pâte. Badigeonnez les fruits avec le sirop d'érable et le beurre fondu mélangés. Faites cuire 20 minutes au four, jusqu'à ce que les poires soient dorées. Saupoudrez de sucre glace.

Astuce *Servez cette tarte tiède avec une glace à la vanille ou de la crème fouettée.*

Mandarines caramélisées et glace à la vanille

Pour 4 personnes

Préparation 10 minutes • Cuisson 10 minutes

50 g de beurre
75 g de sucre roux
5 mandarines pelées et détaillées en quartiers
1 litre de glace à la vanille

1. Faites fondre le beurre dans une casserole puis ajoutez le sucre et les quartiers de mandarine. Laissez frémir jusqu'à ce que les mandarines soient juste tendres.

2. Répartissez la glace dans des coupelles et garnissez de quartiers de mandarine. Nappez de sauce caramel. Servez aussitôt.

Astuce *Servez ce dessert avec des tuiles aux amandes.*

Prunes gratinées à la crème

Pour 4 personnes

Préparation 5 minutes • Cuisson 5 minutes

825 g de prunes au sirop
120 g de crème fraîche
120 g de yaourt bulgare
1 c. s. de miel liquide
75 g de sucre roux

1. Égouttez les prunes (réservez le jus pour un autre usage) et coupez-les en deux. Jetez les noyaux. Disposez les prunes en une seule couche dans des ramequins plats.

2. Mélangez la crème, le yaourt, le miel et 2 cuillerées à soupe de sucre dans un récipient. Répartissez ce mélange sur les prunes et saupoudrez le dessus avec le reste du sucre. Faites gratiner sous le gril du four jusqu'à ce que le dessus soit presque caramélisé. Servez aussitôt.

Fondue au Toblerone

Pour 4 personnes

Préparation 5 minutes • Cuisson 5 minutes

200 g de Toblerone en morceaux
125 ml de crème fraîche épaisse
1 c. s. de liqueur de café

1. Mettez le Toblerone et la crème dans une casserole puis faites chauffer à feu doux. Retirez la casserole du feu quand le chocolat est complètement fondu et versez la liqueur de café. Remuez délicatement.

2. Versez la sauce au chocolat dans un récipient et servez aussitôt.

Astuce *Dégustez cette fondue avec des fruits frais et des biscuits aux amandes ou aux écorces d'orange.*

Gâteaux

Gâteau aux poires et aux amandes

Pour 8 personnes

Préparation 40 minutes • Cuisson 1 h 45

8 poires
625 ml d'eau
1 c. c. de zeste de citron
380 g de sucre en poudre
1 gousse de vanille
125 g de beurre coupé en dés
3 œufs
160 g de crème fraîche épaisse
100 g de farine
100 g de farine avec levure incorporée
40 g d'amandes grillées
grossièrement hachées
60 g d'amandes en poudre
40 g de chocolat noir

1. Pelez les poires en conservant les queues.

2. Mettez l'eau, le zeste de citron et 220 g de sucre dans une casserole. Fendez la gousse de vanille en deux et mettez-la dans la casserole. Faites cuire à feu doux en remuant sans cesse, jusqu'à dissolution du sucre, puis ajoutez les poires et portez à ébullition. Baissez le feu et laissez mijoter 30 minutes. Quand les poires sont tendres, égouttez-les et mettez-les dans un récipient. Faites bouillir le sirop pour le faire réduire puis laissez refroidir à température ambiante.

3. Préchauffez le four à 160 °C. Graissez un moule à cake rond.

4. Fouettez le beurre et le reste du sucre jusqu'à obtention d'un mélange mousseux. Sans cesser de battre, incorporez les œufs un à un puis ajoutez la crème. Versez 2 cuillerées à soupe de sirop et incorporez le reste des ingrédients.

5. Disposez les poires en cercle le long des parois du moule puis versez la pâte. Faites cuire le gâteau 1 h 35 au four. Quand la pâte est cuite, sortez le gâteau du four et laissez-le 10 minutes à température ambiante avant de le démouler. Nappez-le avec le reste du sirop et servez-le tiède.

Gâteau de Savoie fourré aux fraises

Pour 10 personnes

Préparation 20 minutes • Cuisson 20 minutes

250 g de sucre en poudre
7 œufs, blancs et jaunes séparés
1 c. s. de sucre vanillé
90 g de farine
90 g de fécule

Garniture

300 ml de crème fraîche épaisse
2 c. s. de sucre glace
½ c. c. d'extrait de vanille
80 g de confiture de fraise
250 g de fraises coupées en tranches fines

1. Préchauffez le four à 180 °C. Beurrez deux moules ronds et saupoudrez un peu de farine dedans.

2. Fouettez ensemble dans un récipient le sucre en poudre et les jaunes d'œufs jusqu'à ce que le mélange soit lisse. Ajoutez le sucre vanillé, la farine et la fécule, sans cesser de battre. Fouettez les blancs d'œufs en neige ferme avant de les incorporer délicatement à la pâte (procédez en deux fois pour éviter qu'ils ne s'affaissent).

3. Versez la pâte dans les moules et faites cuire 20 minutes au four. Quand les gâteaux sont cuits, sortez-les du four et démoulez-les aussitôt sur une grille. Garnissez-les au dernier moment.

4. Pour la garniture, fouettez la crème, la moitié du sucre et l'extrait de vanille jusqu'à ce que de petits pics se forment à la surface. Déposez un des gâteaux sur le plat de présentation, nappez-le de confiture tiède puis de crème fouettée. Garnissez le dessus de fraises puis couvrez avec l'autre gâteau. Saupoudrez le reste du sucre glace.

Astuces *Prenez des moules assez grands pour que les gâteaux ne soient pas trop épais. Vous pouvez garnir ce biscuit de Savoie avec des framboises ou des pêches bien mûres. Pour parfumer la pâte du biscuit, ajoutez un zeste d'orange ou de citron finement râpé.*

Gâteau à l'ananas et à la noix de coco

Pour 10 personnes

Préparation 25 minutes • Cuisson 50 minutes

75 g de noix de coco râpée
250 g de morceaux d'ananas au sirop en boîte
125 g de beurre ramolli
220 g de sucre en poudre
2 œufs
225 g de farine à levure incorporée
6 blancs d'œufs
2 c. c. de sucre glace

Crème Malibu

300 ml de crème fraîche épaisse
40 g de sucre glace
1 c. s. de Malibu (liqueur à la noix de coco)

1. Dans une petite poêle, faites griller à sec la noix de coco pendant 2 minutes en remuant constamment. Réservez.

2. Égouttez l'ananas et réservez 120 ml de sirop. Préchauffez le four à 180 °C. Beurrez deux moules ronds de 20 cm de diamètre, à parois amovibles, et chemisez-les de papier sulfurisé.

3. Battez en crème légère le beurre et la moitié du sucre en poudre. Ajoutez les œufs un à un, en fouettant bien après chaque addition. Incorporez la farine tamisée et l'ananas, puis le sirop réservé. Répartissez la pâte dans les moules et faites cuire 20 minutes au four.

4. Préparez la meringue : montez les blancs en neige en incorporant progressivement le reste du sucre en poudre. Ajoutez enfin la noix de coco grillée.

5. Sortez les gâteaux du four et couvrez-les de meringue. Remettez-les au four 30 minutes environ. Laissez-les reposer 50 minutes, glissez la pointe d'un couteau contre les parois intérieures des moules pour décoller la meringue puis démoulez.

6. Préparez la crème Malibu en fouettant les ingrédients jusqu'à obtention d'une chantilly épaisse et ferme.

7. Posez un gâteau sur un plat, nappez-le de crème et recouvrez-le avec l'autre gâteau. Saupoudrez de sucre glace tamisé.

Framboisine

Pour 12 personnes

Préparation 40 minutes • Cuisson 20 minutes • Réfrigération 3 heures

4 blancs d'œufs
165 g de sucre en poudre
240 g d'amandes en poudre
35 g de farine
300 ml de crème épaisse
450 g de framboises fraîches
160 g de confiture de framboise, chaude
60 ml de Malibu

Mousse de framboise
200 g de framboises fraîches
3 c. c. de gélatine
2 c. s. d'eau
125 g de chocolat blanc, fondu
2 jaunes d'œufs
55 g de sucre en poudre
1 c. s. de Malibu
300 ml de crème épaisse

1. Préchauffez le four à température moyenne. Graissez deux moules à charnière de 22 cm de diamètre et tapissez les bases de papier sulfurisé.

2. Battez les blancs d'œufs en neige ferme dans un saladier. Ajoutez progressivement le sucre sans cesser de fouetter, jusqu'à ce qu'il soit dissous. Incorporez les amandes en poudre et la farine.

3. Étalez le mélange dans les moules et faites cuire 20 minutes à four moyen. Laissez reposer 5 minutes et démoulez. Laissez refroidir à température ambiante.

4. Pour la mousse de framboise, passez les framboises dans un tamis, au-dessus d'un grand saladier, jusqu'à obtention d'un coulis. Mélangez l'eau et la gélatine dans un bol résistant à la chaleur et faites fondre au bain-marie, au-dessus d'une casserole d'eau frémissante, en remuant sans cesse. Mélangez la gélatine, le chocolat, les jaunes d'œufs, le sucre et le Malibu dans un bol ; remuez jusqu'à obtention d'un mélange lisse. Battez la crème dans un bol jusqu'à ce qu'elle soit ferme. Incorporez la crème et le mélange au chocolat dans le coulis de framboise.

5. Tapissez de papier sulfurisé le fond et les côtés d'un moule à charnière de 22 cm de diamètre ; déposez au fond un des gâteaux. Étalez la mousse aux framboises, puis recouvrez avec l'autre gâteau. Couvrez et placez 3 heures au moins au réfrigérateur, jusqu'à ce que la mousse soit ferme.

6. Retirez le gâteau du moule. Battez la crème dans un bol jusqu'à ce qu'elle soit ferme, puis étalez-la uniformément sur le gâteau. Décorez de framboises fraîches et badigeonnez de confiture chaude mélangée avec le Malibu. Servez aussitôt.

Moelleux aux pistaches et sirop à l'orange et au miel

Pour 10 personnes

Préparation 20 minutes • Cuisson 50 minutes

280 g de pistaches non salées grossièrement broyées
185 g de beurre ramolli
1 c. s. de zeste d'orange râpé
165 g de sucre en poudre
3 œufs
60 ml de babeurre
225 g de farine à levure incorporée
110 g de farine de ménage

Sirop à l'orange et au miel
220 g de sucre en poudre
250 ml d'eau
1 c. s. de miel
1 bâtonnet de cannelle
1 c. c. de graines de cardamome
3 étoiles de badiane
3 lanières de zeste d'orange

1. Commencez par préparer le sirop à l'orange : mélangez les ingrédients dans une casserole et faites chauffer à feu moyen sans laisser bouillir, jusqu'à dissolution du sucre. Portez à ébullition puis laissez infuser 15 minutes hors du feu. Filtrez et laissez refroidir.

2. Préchauffez le four à 180 °C. Beurrez un moule à gâteau carré de 23 cm de côté et chemisez-le de papier sulfurisé, en laissant ce dernier dépasser de 2 cm. Étalez les pistaches au fond du moule.

3. Dans un saladier, fouettez le beurre avec le zeste d'orange et le sucre. Ajoutez les œufs un à un, en mélangeant bien après chaque addition. Incorporez le babeurre, 90 ml de sirop à l'orange puis, en deux fois, les farines tamisées.

4. Versez la pâte dans le moule et faites cuire 40 minutes au four.

5. Laissez reposer le gâteau 5 minutes avant de le démouler sur une grille recouverte de papier sulfurisé. Réchauffez le sirop et versez-en la moitié sur le gâteau encore chaud.

6. Découpez le gâteau en carrés et servez-les tièdes, humectés avec le reste du sirop.

Astuce *Sauf indication contraire, les noix et autres fruits à coque utilisés en pâtisserie ne sont jamais salés. Ces fruits ont tendance à rancir quand on les garde trop longtemps. Achetez-les en petites quantités et goûtez-les avant de les employer en cuisine : ils doivent avoir un goût légèrement sucré et rester croquants.*

Cheesecake au chocolat

Pour 8 personnes

Préparation 30 minutes • Réfrigération 30 minutes + 3 heures
Cuisson 5 minutes

250 g de biscuits sablés au chocolat
170 g de beurre fondu
2 c. s. de sucre roux
300 ml de crème fraîche épaisse
50 g de chocolat au lait haché menu
3 c. c. de gélatine
60 ml d'eau
500 g de fromage frais
110 g de sucre en poudre
3 Mars hachés menu

1. Mixez les biscuits en chapelure fine. Ajoutez 150 g de beurre sans cesser de mixer, jusqu'à obtention d'un mélange homogène. Étalez ce mélange sur le fond et les côtés d'un moule à charnière de 20 cm de diamètre, en pressant bien, puis couvrez et réservez 30 minutes au réfrigérateur, jusqu'à ce que le mélange soit bien ferme.

2. Pendant ce temps, mélangez le sucre roux, les 20 g de beurre restants et 2 cuillères à soupe de crème dans une petite casserole. Faites chauffer à feu doux jusqu'à obtention d'un caramel liquide.

3. Mélangez le chocolat et 2 cuillères à soupe de crème dans une autre petite casserole. Faites chauffer à feu doux jusqu'à ce que le chocolat soit fondu.

4. Mélangez l'eau et la gélatine dans un petit bol résistant à la chaleur et faites fondre la gélatine au bain-marie, en remuant régulièrement. Laissez refroidir 5 minutes.

5. Battez le fromage frais et le sucre dans un saladier jusqu'à obtention d'un mélange lisse. Fouettez le reste de crème dans un bol jusqu'à ce qu'elle soit ferme. Incorporez la gélatine tiède et les Mars dans le mélange à base de fromage frais puis ajoutez la crème battue.

6. Versez la moitié de la préparation dans le moule. Nappez avec la moitié du caramel et de la sauce au chocolat. Pour obtenir un effet marbré, passez à plusieurs reprises une brochette en tous sens dans le mélange. Répétez l'opération avec le reste des ingrédients. Couvrez le cheesecake et laissez prendre 3 heures au réfrigérateur, jusqu'à ce qu'il soit ferme.

Astuce *Cette recette exigeant un long temps de repos au réfrigérateur, il est plus pratique de la préparer la veille si vous avez des invités. Vous pouvez faire fondre le chocolat au lait et la crème au micro-ondes : faites-les chauffer à puissance maximale pendant 1 minute, en remuant à deux reprises en cours de cuisson.*

Cheesecake à la vanille et aux coings pochés

Pour 12 personnes

Préparation 20 minutes • Cuisson 2 h 45
Réfrigération 30 minutes + 12 heures

125 g de petits-beurre
80 g de beurre fondu
500 g de fromage frais
2 œufs
120 g de crème fraîche
60 ml de jus de citron
600 g de sucre en poudre
1 gousse de vanille
500 ml d'eau
2 coings pelés, évidés et coupés en quatre
2 zestes de citron

1. Préchauffez le four à 160 °C. Beurrez un moule à cake rond.

2. Mixez les biscuits en fine chapelure. Ajoutez le beurre et travaillez le mélange à la main pour obtenir une pâte sablée. Étalez-la dans le moule en tassant bien puis laissez raffermir 30 minutes au réfrigérateur.

3. Mettez dans le bol du robot le fromage frais, les œufs, la crème, le jus de citron et 150 g de sucre. Fendez la gousse de vanille en deux, grattez l'intérieur avec la pointe d'un couteau pour décoller les graines puis réservez-la ; mettez les graines dans le bol du robot et mixez ce mélange jusqu'à obtention d'une pâte lisse. Étalez la préparation au fromage frais sur le fond de pâte raffermi, enfournez 35 minutes puis laissez refroidir le cheesecake à l'intérieur du four, en laissant la porte entrouverte. Placez-le une nuit au réfrigérateur.

4. Mélangez l'eau et le reste du sucre dans une casserole puis faites dissoudre le sucre à feu doux avant de porter le sirop à ébullition. Ajoutez alors les coings, les zestes et la gousse. Baissez le feu, couvrez et laissez mijoter 2 heures, jusqu'à ce que les coings soient tendres. Laissez-les refroidir dans le sirop puis égouttez-les et coupez-les en tranches fines. Remettez-les dans la casserole et portez à nouveau à ébullition puis laissez mijoter à feu doux 15 minutes. Quand le sirop a réduit de moitié, retirez la casserole du feu et laissez refroidir à température ambiante. Servez le cheesecake décoré de coings au sirop.

Cheesecake au chocolat blanc et aux fraises

Pour 10 personnes

Préparation 55 minutes • Cuisson 5 minutes
Réfrigération 30 minutes + 12 heures

185 g de petits-beurre
80 g de beurre ramolli
½ feuille de gélatine
2 c. s. d'eau chaude
500 g de fromage frais ramolli
400 g de lait concentré sucré
300 ml de crème fraîche
150 g de chocolat blanc fondu
500 g de fraises coupées en deux ou en quatre
80 g de confiture de fraise
1 c. s. de jus de citron

1. Graissez un moule à charnière rond.

2. Mixez les petits-beurre pour obtenir une chapelure fine puis ajoutez le beurre. Travaillez le mélange à la main pour obtenir une pâte grumeleuse. Étalez cette dernière au fond du moule en tassant bien, couvrez et laissez raffermir 30 minutes au réfrigérateur.

3. Mettez la gélatine dans l'eau chaude, dans un petit récipient, et faites-la fondre au bain-marie, au-dessus d'une petite casserole d'eau frémissante. Laissez refroidir 5 minutes.

4. Pendant ce temps, fouettez le fromage frais et le lait concentré pour obtenir un mélange léger. Battez séparément la crème jusqu'à ce que de petits pics se forment à la surface.

5. Incorporez la gélatine au fromage frais battu avant d'ajouter la crème et le chocolat blanc fondu. Étalez ce mélange sur le fond de pâte, couvrez et réfrigérez toute une nuit.

6. Au moment de servir, démoulez le cheesecake puis garnissez le dessus de quartiers de fraise. Faites tiédir la confiture et le jus de citron à feu doux puis nappez-en le gâteau. Servez aussitôt.

Cheesecake au chocolat et aux cerises

Pour 12 personnes

Préparation 40 minutes • Cuisson 1 h 10
Réfrigération 30 minutes + 12 heures

250 g de petits-beurre
125 g de beurre fondu
680 g de cerises au sirop
750 g de fromage frais
3 œufs
180 g de crème fraîche
60 ml de jus de citron
385 g de sucre en poudre
50 g de chocolat noir fondu
25 g de cacao

1. Préchauffez le four à 150 °C. Beurrez un moule à charnière.

2. Mixez les petits-beurre pour obtenir une chapelure fine puis incorporez le beurre en travaillant le mélange avec les doigts. Pressez cette pâte au fond du moule et sur les parois, sur 5 cm de hauteur. Faites raffermir 30 minutes au réfrigérateur.

3. Égouttez les cerises et réservez 250 ml de jus. Fouettez le fromage frais, les œufs, la crème, le jus de citron et 200 g de sucre dans un récipient jusqu'à obtention d'un mélange homogène. Divisez la préparation en deux. Dans l'une, incorporez le chocolat fondu et le cacao.

4. Versez les deux préparations dans le moule en les mélangeant à peine pour obtenir un effet marbré. Décorez la surface du gâteau avec un tiers des cerises coupées en deux. Laissez cuire 1 heure au four. Éteignez le four et laissez refroidir le cheesecake à l'intérieur en entrouvrant la porte. Couvrez et réfrigérez une nuit entière. Sortez-le à température ambiante 30 minutes avant de servir.

5. Versez le jus de cerise réservé dans une casserole, ajoutez le reste du sucre et faites chauffer à feu doux. Quand le sucre est dissous, laissez bouillir 5 minutes sans remuer. Ajoutez les cerises restantes et versez ce mélange dans un récipient. Laissez refroidir 10 minutes. Servez le cheesecake avec la sauce aux cerises tiède.

Cheesecake à la ricotta

Pour 16 personnes

Préparation 20 minutes • Réfrigération 3 heures
Cuisson 1 h 10

1 kg de ricotta
5 œufs légèrement battus
1 c. s. de zeste de citron râpé très finement
60 ml de jus de citron
½ c. c. d'extrait de vanille
220 g de sucre en poudre
40 g de raisins secs
125 g de fruits confits finement hachés

Fond de tarte
90 g de beurre ramolli
1 œuf
55 g de sucre en poudre
185 g de farine
35 g de farine avec levure incorporée

1. Graissez un moule rond peu profond. Préparez le fond de tarte : fouettez le beurre jusqu'à ce qu'il soit bien lisse. Sans cesser de battre, incorporez l'œuf et le sucre, puis la moitié des deux farines mélangées. Quand le mélange est homogène, ajoutez le reste des farines. Travaillez délicatement la pâte sur un plan de travail fariné pour roulez-la en boule et mettez-la 30 minutes au réfrigérateur.

2. Préchauffez le four à 180 °C. Abaissez la pâte entre deux feuilles de papier sulfurisé puis mettez-la en place dans le moule préparé. Piquez-la avec une fourchette, remettez-la au réfrigérateur 30 minutes puis faites-la cuire 20 minutes au four. Ramenez la température du four à 160 °C.

3. Mixez la ricotta, les œufs, le zeste de citron, le jus de citron, l'extrait de vanille et le sucre pour obtenir une pâte homogène. Incorporez les raisins secs et les fruits confits puis étalez ce mélange sur le fond de pâte.

4. Faites cuire 50 minutes au four. Laissez refroidir à température ambiante avant de mettre le cheesecake au réfrigérateur 3 heures pour le servir très frais.

Astuce *Ce cheesecake sera meilleur si vous le préparez la veille.*

Tiramisu

Pour 6 personnes

Préparation 30 minutes • Réfrigération 3 heures minimum

2 c. s. de café soluble
310 ml d'eau bouillante
250 ml de marsala
250 g de biscuits à la cuillère
125 ml de crème fraîche épaisse
55 g de sucre glace
500 g de mascarpone
40 g de chocolat noir râpé
125 g de myrtilles (facultatif)

1. Faites dissoudre le café dans l'eau bouillante puis ajoutez 160 ml de marsala. Mélangez et laissez refroidir. Plongez la moitié des biscuits dans ce mélange, un à un, avant d'en tapisser le fond d'un moule.

2. Fouettez la crème et le sucre glace avant d'incorporer le mascarpone et le reste de marsala.

3. Versez la moitié de cette préparation dans le moule. Plongez un à un les biscuits qui restent dans le café puis disposez-les sur la crème. Recouvrez avec le reste de crème et saupoudrez de chocolat râpé. Mettez au moins 3 heures au réfrigérateur. Décorez avec les myrtilles au moment de servir.

Astuce *Ce tiramisu sera plus savoureux si vous le préparez la veille. Conservez-le au réfrigérateur jusqu'au moment de servir.*

Secrets de pâtes

Pétrir

Le pétrissage se fait quand tous les ingrédients sont amalgamés. L'opération consiste à rabattre la pâte des bords vers le centre en pressant avec la paume de la main. Pour les pâtes à pâtisserie, contentez-vous de les travailler légèrement pour former une boule alors que la pâte à pain demandera un pétrissage plus long.

Travailler rapidement

Quand la pâte est pétrie, étalez-la au rouleau. Vous devez alors la manipuler avec délicatesse et le moins longtemps possible. Un travail prolongé développe le gluten (protéine) de la farine et rend la pâte moins souple. De même, un beurre trop mou sera absorbé par la farine et formera une croûte épaisse et dure. Évitez d'abaisser les chutes de pâte plus de deux fois car celle-ci durcit à chaque fois qu'elle est étalée au rouleau.

Laisser reposer

Laissez toujours reposer la pâte 30 minutes au réfrigérateur avant et après l'avoir étalée au rouleau. La farine libère ainsi son gluten : ce qui évite que la pâte se rétracte à la cuisson. Pensez à la couvrir avec un film alimentaire quand vous la laissez reposer.

Étendre au rouleau

Étalez la pâte de façon homogène sur un plan de travail fariné ou entre deux feuilles de papier sulfurisé. Travaillez en partant du centre vers l'extérieur, vers vous puis dans l'autre sens. Exercez moins de pression en approchant des bords et n'aplatissez pas ces derniers au rouleau. Les mouvements du rouleau doivent être courts et légers. Si vous travaillez sur une surface en bois ou en marbre, retournez régulièrement la pâte pour qu'elle ne colle pas. Farinez légèrement le plan de travail et le rouleau, mais sans excès : trop de farine fausserait l'équilibre des ingrédients et modifierait la tenue de la pâte.

Foncer un moule

Enroulez l'abaisse autour du rouleau puis déroulez-la délicatement sur le moule. Mettez-la en place en veillant à ne pas l'étirer. Pressez-la sur le fond du moule et sur les côtés en appuyant légèrement avec les doigts pour éliminer les poches d'air.

Cuire à blanc

Dans une feuille de papier sulfurisé, découpez un disque d'un diamètre supérieur de 5 cm à celui du moule. Étalez-le sur la pâte. Couvrez le papier de haricots secs, pois chiches, lentilles, riz ou autre (vous pouvez trouver des petits disques en métal ou des billes en céramique dans des magasins spécialisés). Mettez le moule au four et laissez cuire la pâte 10 minutes à 200-210 °C (ou selon les indications de la recette). Retirez le papier et les légumes secs puis remettez la pâte au four 10 minutes. Quand elle est bien dorée, sortez le moule du four et laissez refroidir. Laissez refroidir les légumes secs, puis mettez-les dans un bocal et gardez-les pour une autre cuisson à blanc.

Conserver et congeler

Vous pouvez conserver une pâte 1 ou 2 jours au réfrigérateur, bien enveloppée dans du film alimentaire. Elle se gardera 2 mois au congélateur. Sortez-la quelques minutes avant de l'étaler pour qu'elle soit à température ambiante. Sinon, elle risque de se casser.

Pétrissez la pâte en la travaillant légèrement pour former une boule lisse et souple.

Étalez la pâte en partant du centre vers les bords, en faisant aller et venir le rouleau.

Enroulez l'abaisse sur le rouleau puis déroulez-la délicatement dans le moule.

Coupez la pâte qui dépasse en faisant glisser un couteau sur le bord du moule.

Tourte aux pommes

Pour 8 personnes

Préparation 50 minutes • Réfrigération 1 heure
Cuisson 50 minutes

150 g de farine
75 g de farine à levure incorporée
35 g de Maïzena
30 g de préparation en poudre pour crème anglaise
2 c. s. de sucre en poudre
125 g de beurre froid coupé en petits morceaux
1 œuf (blanc et jaune séparés)
60 ml environ d'eau glacée

Garniture

1,5 kg de grosses pommes
125 ml d'eau
2 c. s. de sucre en poudre
1 pincée de cannelle en poudre
1 c. c. de zeste de citron râpé

1. Préparez la garniture Pelez les pommes, évidez-les et coupez-les huit. Mettez les pommes et l'eau dans une casserole, portez à ébullition, puis réduisez le feu et couvrez. Laissez cuire 5 minutes puis, incorporez le sucre, la cannelle et le zeste de citron. Laissez refroidir à température ambiante.

2. Mélangez au robot les farines, la Maïzena, la préparation pour crème anglaise, 1 cuillerée à soupe de sucre et le beurre. Ajoutez le jaune d'œuf et assez d'eau pour lier les ingrédients. Pétrissez la pâte sur un plan de travail légèrement fariné jusqu'à ce qu'elle soit lisse. Enveloppez-la de film alimentaire et laissez-la reposer 30 minutes au réfrigérateur.

3. Étalez au rouleau les deux tiers de la pâte pour foncer un moule à bord haut de 23 cm de diamètre. Coupez la pâte qui dépasse, couvrez et réfrigérez 30 minutes. Préchauffez le four à 180-190 °C. Étalez le reste de pâte pour former une abaisse d'un diamètre à peine plus grand que celui du moule.

4. Répartissez la garniture de pommes dans le moule. Badigeonnez le bord de blanc d'œuf légèrement battu. Fermez la tourte avec le second disque de pâte en pinçant les bords pour les sceller. Badigeonnez le dessus blanc d'œuf. Saupoudrez du reste de sucre. Enfournez 40 minutes. Servez tiède.

Tarte aux pêches

Pour 4 personnes

Préparation 15 minutes • Cuisson 20 minutes

6 feuilles de pâte filo
2 pêches
60 g de beurre ramolli
3 c. s. de sucre semoule
1 c. s. de confiture d'abricots tiède et tamisée

1. Préchauffez le four à 180 °C. Disposez une feuille de papier sulfurisé sur une grille en métal.

2. Coupez les pêches en deux. Enlevez le noyau et coupez les moitiés de pêches en tranches fines.

3. Étalez 2 feuilles de pâte filo sur le plan de travail. Avec un pinceau, badigeonnez légèrement de beurre. Superposez les feuilles de pâte ainsi préparées. Répétez l'opération avec les feuilles et le beurre restant.

4. Coupez 1 disque dans les feuilles de pâte superposées et garnissez-le de pêches, puis saupoudrez de sucre. Faites cuire pendant 20 minutes jusqu'à ce que la tarte soit dorée.

5. Au moment de servir, badigeonnez de confiture la tarte tiède.

Astuce *Vous pouvez remplacer les pêches par des abricots, des nectarines, des prunes ou des poires.*

Tarte amandine aux pommes

Pour 8 personnes

Préparation 30 minutes • Réfrigération 1 heure • Cuisson 40 minutes

Pâte
185 g de farine
90 g de beurre coupé en morceaux
55 g de sucre
2 jaunes d'œufs
1 c. s. d'eau

Garniture aux pommes
2 pommes moyennes
2 c. s. de confiture d'abricot

Garniture aux amandes
125 g de beurre ramolli
75 g de sucre
2 œufs
125 g d'amandes moulues
1 c. s. de farine

1. Pour la pâte, mixez ensemble la farine, le beurre, le sucre, les jaunes d'œufs et suffisamment d'eau pour que les ingrédients s'amalgament bien. Travaillez la pâte sur un plan de travail fariné jusqu'à ce qu'elle soit lisse. Couvrez et réservez au frais 30 minutes.

2. Préchauffez le four à 180 °C. Beurrez un moule à tarte à fond amovible. Étalez la pâte entre deux feuilles de papier sulfurisé. Garnissez le fond du moule en remontant la pâte sur les côtés, puis égalisez les bords. Remettez-la 30 minutes au frais.

3. Pour la garniture aux pommes, pelez celles-ci, retirez les trognons et coupez-les en quatre, puis entaillez profondément chaque quartier tous les 3 mm en veillant à ce qu'il reste entier à la base.

4. Pour la garniture aux amandes, fouettez le beurre et le sucre, puis ajoutez les œufs un par un, en mélangeant délicatement. Incorporez les amandes moulues et la farine, puis mélangez.

5. Étalez la garniture aux amandes sur la pâte. Répartissez ensuite les quartiers de pommes, côté entailles vers le haut, en pressant légèrement pour qu'ils s'enfoncent dans la garniture. Faites cuire 40 minutes, jusqu'à ce que la tarte soit légèrement dorée. Avec un pinceau, enduisez la tarte chaude de confiture d'abricot préalablement réchauffée. Laissez refroidir dans le moule.

Astuces *Préparez les pommes juste avant de les faire cuire pour éviter qu'elles ne brunissent. Vous pouvez remplacer la confiture d'abricot par une gelée aux figues et aux amandes.*

Tarte à la rhubarbe

Pour 4 personnes

Préparation 10 minutes • Cuisson 20 minutes

275 g de rhubarbe grossièrement coupée
30 g de beurre fondu
75 g de sucre roux
1 c. c. de zeste d'orange finement râpé
1 rouleau de pâte feuilletée
2 c. s. d'amandes en poudre

1. Préchauffez le four à 170 °C. Garnissez de papier sulfurisé une plaque allant au four.

2. Mélangez 20 g de beurre, la rhubarbe, le sucre et le zeste d'orange dans un saladier.

3. Déroulez la pâte sur la plaque. Saupoudrez-la d'amandes en poudre. Garnissez de rhubarbe en laissant un bord de 4 cm. Rabattez la pâte sur la garniture sans presser et badigeonnez les côtés du beurre fondu restant.

4. Enfournez la tarte et laissez cuire 20 minutes, jusqu'à ce qu'elle soit dorée.

***Astuce** Servez avec de la glace ou de la crème fouettée au sucre vanillé.*

Tartelettes aux fruits rouges

Pour 4 personnes

Préparation 15 minutes • Cuisson 20 minutes

1 rouleau de pâte sablée
250 g de fraises coupées en deux
75 g de myrtilles
2 c. s. de confiture d'abricot
2 c. s. d'eau chaude

Crème pâtissière
2 c. c. de gélatine
2 c. s. d'eau
1 c. s. de sucre en poudre
1 ½ c. s. de crème anglaise
25 cl de lait écrémé
1 c. c. d'extrait de vanille

1. Préchauffez le four à 180 °C. Découpez 4 disques dans la pâte et disposez-les dans quatre moules individuels. Recouvrez le fond de papier sulfurisé puis ajoutez des haricots secs. Faites cuire la pâte 10 minutes puis retirez les haricots et le papier. Remettez au four 10 minutes puis laissez refroidir.

2. Pour la crème pâtissière, faites dissoudre la gélatine dans un petit bol d'eau au bain-marie. Dans une autre casserole, faites chauffer le sucre, la crème anglaise et le lait à feu doux. Remuez jusqu'à ébullition puis ajoutez la gélatine et la vanille.

3. Démoulez les tartelettes et garnissez-les de crème pâtissière. Placez au frais jusqu'à ce que la crème soit prise.

4. Décorez les fonds de tartelettes avec les fruits rouges, puis nappez de confiture d'abricot mélangée à un peu d'eau chaude.

Tartelettes aux poires

Pour 4 personnes

Préparation 25 minutes • Cuisson 20 minutes

2 rouleaux de pâte feuilletée
3 poires moyennes ou nashis
½ c. c. de zeste de citron
60 ml de jus de citron
60 ml d'eau
110 g de sucre semoule
2 c. s. de Martini blanc
30 g de beurre fondu
I c. s. de sucre roux

1. Coupez les rouleaux de pâte feuilletée en deux. Disposez deux moitiés par plaque de four légèrement graissée. Pliez les petites tartes sur 2 cm environ, en trois fois.

2. Sans les éplucher, découpez les fruits en tranches de 1 cm d'épaisseur. Ne vous servez pas des plus petites tranches ; il vous faut seize tranches de la même taille. Préchauffez le four à 210 °C.

3. Dans une grande sauteuse à fond épais, mélangez le zeste et le jus de citron, l'eau, le sucre et le Martini blanc. Faites chauffer en remuant et sans faire bouillir, jusqu'à ce que le sucre soit dissous. Portez à ébullition et ajoutez les fruits à ce sirop. Faites cuire à feu doux 10 minutes ; les fruits doivent être tendres. (Les tranches de fruits doivent être disposés en une seule couche dans le sirop, faites cuire en plusieurs fois si nécessaire.) À l'aide d'une écumoire, retirez-les du sirop, et réservez autant de sirop que possible dans la sauteuse.

4. Disposez les tranches de fruits sur la pâte ; badigeonnez de beurre fondu mélangé au sucre roux. Faites cuire à four chaud, sans couvrir, 20 minutes environ jusqu'à ce que les tartelettes soient dorées.

5. Pendant ce temps, faites bouillir le sirop 10 minutes environ, afin de le réduire en un glaçage épais. Badigeonnez de ce glaçage les tartelettes encore chaudes.

Repliez les extrémités de la pâte.

Disposez les fruits cuits sur la pâte.

Badigeonnez les fruits du mélange beurre sucre.

Tartelettes aux noix

Pour 4 personnes

Préparation 20 minutes • Réfrigération I h 30
Cuisson 25 minutes

Pâte

185 g de farine
55 g de sucre glace
30 g d'amandes en poudre
125 g de beurre froid coupé en morceaux
1 jaune d'œuf

Garniture

50 g de noix de macadamia grillées
35 g de noix de pécan grillées
35 g de noix grillées
2 c. s. de sucre roux
I c. s. de farine
40 g de beurre fondu
2 œufs légèrement battus
180 ml de sirop d'érable

1. Beurrez quatre moules à tartelette à fond amovible.

2. Pour la pâte, mixez la farine, le sucre et les amandes en poudre avec le beurre jusqu'à obtention d'un mélange homogène. Ajoutez le jaune d'œuf et mixez encore jusqu'à ce que le tout soit bien amalgamé. Pétrissez la pâte sur une surface farinée jusqu'à ce qu'elle soit lisse. Couvrez-la de film alimentaire et placez 30 minutes au frais.

3. Divisez la pâte en quatre. Abaissez chaque portion entre deux feuilles de papier sulfurisé, puis garnissez les moules. Pressez sur les côtés et coupez les bords qui dépassent. Couvrez et conservez 1 heure au frais.

4. Préchauffez le four à 180 °C. Disposez les tartelettes sur une plaque de four, tapissez-les de papier sulfurisé et remplissez-les de haricots secs. Faites cuire 10 minutes puis retirez le papier et les haricots. Faites cuire encore 7 minutes à blanc. Laissez refroidir.

5. Pour la garniture, mélangez bien tous les ingrédients dans un saladier.

6. Baissez la température du four à 160 °C. Répartissez la garniture dans les tartelettes. Faites cuire 25 minutes jusqu'à ce que la garniture soit ferme. Laissez refroidir.

Tarte aux nectarines

Pour 8 personnes

Préparation 40 minutes • Cuisson 45 minutes
Réfrigération 30 minutes

8 nectarines coupées en deux
60 ml de jus d'orange
110 g de sucre roux

Pâte

250 g de farine
110 g de sucre glace
125 g de beurre froid coupé en morceaux
1 jaune d'œuf
1 à 2 c. s. d'eau froide

Crème pâtissière

300 ml de crème fraîche épaisse
250 ml de lait
110 g de sucre
1 gousse de vanille fendue en deux
3 jaunes d'œufs
2 c. s. de Maïzena

1. Mixez la farine, le sucre et le beurre puis incorporez le jaune d'œuf et l'eau pour obtenir une pâte homogène. Pétrissez-la jusqu'à ce qu'elle soit lisse. Couvrez et réfrigérez 30 minutes. Préchauffez le four à 180 °C. Étalez la pâte entre deux feuilles de papier sulfurisé, foncez-en un moule à tarte beurré, couvrez d'un disque de papier sulfurisé et garnissez de haricots secs. Enfournez 10 minutes, puis à nouveau 10 minutes sans papier sulfurisé ni haricots. Laissez refroidir.

2. Portez à ébullition la crème, le lait, le sucre et la gousse de vanille dans une casserole, puis laissez infuser 10 minutes hors du feu. Ôtez la gousse. Fouettez vivement les jaunes d'œufs, incorporez la Maïzena puis la crème vanillée tiédie. Remettez dans une casserole, portez à ébullition puis laissez épaissir 10 minutes à feu doux, en remuant. Ôtez du feu, posez du film alimentaire directement sur la crème et laissez refroidir à température ambiante.

3. Mettez les nectarines en une seule couche dans un plat allant au four, nappez-les de jus d'orange et saupoudrez-les de sucre roux. Faites-les rôtir 20 minutes au four à 220 °C.

4. Étalez la crème pâtissière sur le fond de tarte et couvrez. Réfrigérez 30 minutes. Au moment de servir, garnissez de nectarines tièdes.

Tarte aux noix de pécan

Pour 8 personnes

Préparation 25 minutes • Réfrigération 1 heure
Cuisson 50 minutes

280 g de noix de pécan grillées
6 jaunes d'œufs
175 g de sirop d'érable
110 g de sucre roux
90 g de beurre fondu
60 ml de crème fraîche épaisse

Pâte
185 g de farine
55 g de sucre glace
125 g de beurre froid en dés
1 jaune d'œuf
1 c. c. de jus de citron

1. Graissez un moule à tarte. Préparez la pâte. Travaillez du bout des doigts la farine, le sucre glace et le beurre pour obtenir une sorte de chapelure grossière puis incorporez le jaune d'œuf et le jus de citron. Travaillez la pâte sur un plan de travail fariné puis formez une boule et mettez-la 30 minutes au réfrigérateur. Étalez la pâte entre deux feuilles de papier sulfurisé pour obtenir une abaisse de la taille du moule. Mettez-la en place dans le moule et coupez les bords. Réfrigérez 30 minutes.

2. Préchauffez le four à 180 °C. Tapissez le fond de tarte d'une feuille de papier sulfurisé, garnissez de haricots secs et faites cuire 15 minutes au four. Retirez le papier et les haricots. Prolongez la cuisson à blanc pendant 5 minutes pour que la pâte dore.

3. Étalez les noix de pécan sur le fond de tarte. Fouettez les jaunes d'œufs, le sirop d'érable, le sucre, le beurre et la crème pour obtenir un mélange homogène. Versez le tout sur les noix et enfournez. Laissez cuire 30 minutes (180 °C). Laissez refroidir avant de servir.

Tarte Tatin

Pour 8 personnes

Préparation 40 minutes • Cuisson 1 h 45

6 grosses pommes
100 g de beurre doux en morceaux
220 g de sucre roux
2 c. s. de jus de citron
de la crème fraîche fouettée pour accompagner (facultatif)

Pâte

300 g de farine
2 c. s. de sucre en poudre
80 g de beurre doux froid en dés
2 c. s. de crème fraîche

1. Pelez les pommes, épépinez-les puis coupez-les en quatre. Faites fondre le beurre dans une sauteuse, ajoutez les quartiers de pomme, saupoudrez-les de sucre et arrosez-les de jus de citron. Laissez cuire 1 heure à feu doux en les retournant plusieurs fois dans le sirop. À la fin de la cuisson, les pommes doivent être presque brunes et le sirop caramélisé.

2. Beurrez un moule à tarte puis disposez les quartiers de pomme en cercles concentriques. Étalez dessus 1 cuillère à soupe de sirop caramélisé (réservez le reste). Tassez bien les pommes dans le plat et couvrez.

3. Préparez la pâte. Mettez la farine, le sucre, le beurre et la crème dans le bol d'un robot et mixez jusqu'à obtention d'une boule homogène. Pétrissez la pâte sur un plan de travail fariné jusqu'à ce qu'elle soit lisse. Couvrez et laissez reposer 30 minutes au réfrigérateur.

4. Préchauffez le four à 200 °C.

5. Abaissez la pâte entre deux feuilles de papier sulfurisé puis mettez-la en place sur les pommes en l'enfonçant bien dans le moule sur les côtés. Faites cuire 30 minutes au four, jusqu'à ce que la pâte soit dorée. Laissez reposer la tarte 5 minutes à température ambiante puis démoulez-la sur un plat de service.

6. Réchauffez le caramel réservé et nappez-en la tarte. Servez aussitôt avec la crème fouettée.

Astuces *Vous pouvez remplacer la crème fouettée par de la glace à la vanille ou servir la tarte nature. Si vous manquez de temps, utilisez une pâte feuilletée toute prête.*

Tarte Tatin aux poires

Pour 6 personnes

Préparation 50 minutes
Réfrigération 30 minutes • Cuisson 20 minutes

Garniture
3 grosses poires fermes
90 g de beurre coupé en morceaux
110 g de sucre brun
160 ml de crème fraîche
35 g de noix de pécan grillées grossièrement concassées

Pâte
175 g de farine
55 g de sucre glace
90 g de beurre coupé en morceaux
1 jaune d'œuf
1 c. s. d'eau

1. Pour la garniture, pelez les poires, coupez-les en quatre dans la hauteur et retirez le cœur.

2. Dans une poêle, faites fondre le beurre avec le sucre. Incorporez la crème en battant jusqu'à dissolution du sucre et portez à ébullition Ajoutez les quartiers de poires, baissez le feu et laissez mijoter 45 minutes. Retournez-les à plusieurs reprises.

3. Pour la pâte, mélangez la farine, le sucre et le beurre au robot, incorporez le jaune d'œuf et l'eau puis mixez à nouveau. Enveloppez la pâte de film alimentaire et laissez-la reposer 30 minutes au frais.

4. Disposez les quartiers de poires, face bombée en dessous, dans un moule à manqué, arrosez-les de jus de cuissson caramélisé et parsemez de noix de pécan grillées.

5. Préchauffez le four à 220-230 °C. Étalez la pâte au rouleau entre deux feuilles de papier sulfurisé pour obtenir une abaisse légèrement plus grande que le moule. Retirez le papier, mettez la pâte en place sur les poires et rabattez les bords à l'intérieur du moule. Faites cuire 20 minutes au four puis laissez refroidir 5 minutes à température ambiante avant de retourner la tarte sur un plat de service. Servez chaud.

Astuce *Accompagnez cette tarte de crème fouettée.*

Tarte aux prunes

Pour 8 personnes

Préparation 20 minutes
Réfrigération 50 minutes • Cuisson 35 minutes

Garniture
250 g de prunes dénoyautées
2 c. s. de cognac
300 ml de crème fraîche
3 œufs
150 g de sucre en poudre
1 c. c. d'extrait de vanille
Sucre glage pour décoration

Pâte
175 g de farine
55 g de sucre glace
30 g d'amandes en poudre
125 g de beurre froid coupé en morceaux
1 jaune d'œuf
1 c. s. d'eau

1. Mixez au robot la farine, le sucre, les amandes en poudre et le beurre jusqu'à obtention d'une masse sableuse. Ajoutez le jaune d'œuf et l'eau puis mixez encore. Enveloppez la pâte dans un film alimentaire et placez 30 minutes au frais. Graissez un moule à tarte à fond amovible. Étalez la pâte au rouleau entre deux feuilles de papier sulfurisé. Mettez-la dans le moule, pressez et coupez les bords. Piquez le fond à la fourchette. Couvrez et remettez 20 minutes au frais.

2. Préchauffez le four à 200 °C. Garnissez le fond de tarte de papier sulfurisé et de haricots secs et faites-le cuire au four 10 minutes. Retirez les haricots et le papier puis laissez cuire 5 minutes de plus. Laissez refroidir.

3. Baissez la température du four à 140-150 °C.

4. Mixez les prunes et le cognac jusqu'à obtention d'une pâte homogène. Étalez-la sur le fond de tarte.

5. Portez la crème à ébullition dans une casserole puis retirez du feu. Battez les œufs, le sucre et l'extrait de vanille dans un saladier. Incorporez progressivement la crème chaude sans cesser de battre. Versez ce mélange sur le fond de tarte et faites cuire 20 minutes au four. Laissez reposer 10 minutes. Servez la tarte chaude ou froide, saupoudrée de sucre glace.

Tarte au citron

Pour 8 personnes

Préparation 30 minutes • Réfrigération 1 heure
Cuisson 55 minutes

185 g de farine
40 g de sucre glace
30 g d'amandes en poudre
125 g de beurre coupé en morceaux
1 jaune d'œuf
du sucre glace pour décorer

Crème au citron
1 c. s. de zeste de citron râpé
125 ml de jus de citron
5 œufs
165 g de sucre en poudre
250 ml de crème fraîche épaisse

1. Mélangez au robot ou au mixeur la farine, le sucre glace, les amandes en poudre et le beurre. Ajoutez le jaune d'œuf et fouettez pour lier les ingrédients. Pétrissez la pâte sur un plan de travail légèrement fariné jusqu'à ce qu'elle soit lisse. Enveloppez-la de film alimentaire et laissez-la reposer 30 minutes au réfrigérateur.

2. Abaissez la pâte au rouleau entre deux feuilles de papier sulfurisé pour foncer un moule à tarte à fond amovible de 24 cm de diamètre. Couvrez et laissez reposer 30 minutes au réfrigérateur. Préchauffez le four à 200-210 °C.

3. Tapissez le fond de tarte de papier sulfurisé et recouvrez-le de légumes secs. Faites cuire la pâte à blanc 15 minutes, retirez les légumes secs et le papier sulfurisé puis remettez la pâte au four 10 minutes. Sortez-la du four. Baissez le thermostat à 180-190 °C.

4. Préparez la crème au citron. Fouettez les ingrédients dans un saladier puis laissez-les reposer 5 minutes. Versez la crème sur le fond de tarte. Faites cuire 30 minutes au four. Quand la crème a pris, sortez la tarte du four et laissez-la tiédir avant de la mettre au réfrigérateur. Pour servir, saupoudrez-la de sucre glace.

Astuce *Cette tarte est meilleure si on la prépare la veille. Vous la conserverez au réfrigérateur après l'avoir couverte de film alimentaire.*

Tarte au citron meringuée

Pour 10 personnes

Préparation 15 minutes • Réfrigération 2 heures
Cuisson 15 minutes

250 g de petits-beurre
100 g de beurre doux ramolli
75 g de Maïzena
330 g de sucre en poudre
310 ml d'eau
125 ml de jus de citron
60 g de beurre coupé en morceaux
4 œufs, blancs et jaunes séparés
2 c. c. de zeste de citron râpé

1. Graissez un moule à tarte à fond amovible.

2. Mixez les biscuits pour obtenir une chapelure fine puis incorporez le beurre ramolli et travaillez grossièrement le mélange à la main. Étalez la pâte obtenue dans le moule et laissez raffermir le fond de tarte au réfrigérateur.

3. Mélangez la Maïzena et 110 g de sucre dans une sauteuse puis versez progressivement l'eau et le jus de citron en remuant sans cesse, jusqu'à obtention d'un mélange lisse. Faites cuire 1 minute à feu vif, sans cesser de remuer. Retirez du feu et ajoutez le beurre en morceaux, puis les jaunes d'œufs et le zeste de citron, en remuant toujours. Laissez refroidir 10 minutes puis nappez le biscuit de cette préparation. Couvrez et laissez 2 heures au réfrigérateur.

4. Préchauffez le four à 200 °C.

5. Battez les blancs d'œufs en neige ferme en ajoutant le reste du sucre cuillerée par cuillerée, jusqu'à obtention d'une meringue lisse. Avec une fourchette, nappez-en la tarte en formant de petits pics. Faites cuire au four, jusqu'à ce que la meringue soit légèrement dorée. Servez froid.

Astuce *Vous pouvez préparer cette tarte la veille et la conserver au réfrigérateur.*

Travailler le chocolat

Faire fondre du chocolat

Le chocolat doit fondre doucement et uniformément. Tous les ustensiles que l'on utilise lorsqu'on fait fondre du chocolat doivent être absolument secs ; la moindre trace d'eau le fera se figer: il s'amalgamera et prendra une teinte grisâtre. Un temps trop humide peut aussi affecter le résultat obtenu. Quelle que soit la méthode utilisée, soyez patient et respecter les consignes. À vouloir gagner du temps, vous risquez de devoir recommencer.

Au micro-ondes

Mettez le chocolat coupé grossièrement dans un petit bol adapté au micro-ondes. Faites fondre de 1 à 4 minutes, selon la quantité, sur une position faible, voire en utilisant la fonction de décongélation. Remuez à la sortie du four. Laissez reposer 1 minute : le chocolat continuera de fondre.

Au bain-marie

Cette technique est plus longue, mais plus sûre que la précédente. Portez à ébullition un peu d'eau dans une casserole. Coupez grossièrement le chocolat dans un bol résistant à la chaleur. Quand l'eau commence à bouillir, baissez le feu pour maintenir un frémissement constant, posez le bol sur la casserole sans que le fond du récipient ne touche pas l'eau frémissante, et laissez fondre en remuant régulièrement. Quand le chocolat est fondu, retirez le bol de la casserole et essuyez le dessous avec un torchon sec.

Décors en chocolat

Râper le chocolat

Assurez-vous que le chocolat utilisé est frais et bien ferme. Si vous utilisez une râpe, secouez-la régulièrement pour éviter que trop de chocolat reste pris dans les trous. Vous pouvez aussi utiliser un robot, en particulier si vous avez besoin d'une grande quantité de chocolat râpé. Veillez alors à couper le chocolat en petits morceaux avant de faire tourner le moteur.

Le glaçage

Le gâteau doit être tiède ou froid quand vous étalez le glaçage. Aidez-vous d'une spatule en bois pour bien l'étaler, laissez durcir et gardez au frais. La température du glaçage est importante : trop chaud il est liquide et nappe mal ; trop froid, il est difficile à étaler.

Copeaux de chocolat

Pour les petits copeaux, une tablette de chocolat et un économe suffisent. Pour obtenir de gros copeaux, faites fondre du chocolat au bain-marie avec une noix de beurre. Versez-le sur une plaque huilée pour former une couche de 1 à 2 mm d'épaisseur puis laissez-le durcir au frais. Raclez le chocolat avec une lame souple en la poussant devant vous, ou à l'aide d'une cuillère à glace pour former les copeaux. Le chocolat ne doit pas être trop froid (il casserait), ni trop chaud (il ne roulerait pas en copeaux).

Conserver du chocolat

Le chocolat est un aliment de caractère et exige un traitement hautement privilégié. Il craint l'humidité, la chaleur et la lumière. Il est donc préférable de le garder dans un endroit frais et sec (entre 15 et 18 °C.). La chaleur, l'humidité et les changements de température provoquent un blanchissement du chocolat. Cela n'en altère pas le goût et le chocolat reprendra généralement sa couleur naturelle une fois fondu, mais la tablette est moins appétissante. Le chocolat est très sensible aux changements de température. Pensez toujours au temps qu'il fait, à la température de votre pièce, à la chaleur de vos mains lorsque vous manipulez du chocolat.

On peut conserver un bon chocolat noir pendant 1 an. Le chocolat en tablette doit être consommé dans les 12 mois suivant la fabrication. Les chocolats au lait ou fourrés se conservent de 6 à 8 mois. Il est conseillé de laisser le chocolat dans son emballage.

Fabriquer une poche à douille

Vous pouvez fabriquer une poche à douille avec du papier sulfurisé ou un petit sac en plastique.

Dans le premier cas, coupez un carré de 30 cm de côté en deux en diagonale et pliez-le pour lui donner la forme d'un cône. Agrafez-le pour qu'il garde cette forme. Remplissez à moitié le cône de glaçage, de crème ou de chocolat fondu refroidi, puis repliez les bords supérieurs du cône vers l'intérieur pour enfermer le contenu. Coupez une minuscule pointe à l'extrémité de votre « douille » et étalez délicatement la crème en tenant fermement le sac, tout en exerçant une pression uniforme.

Pour les décorations fines en chocolat, les sacs alimentaires en plastique sont plus adaptés. Mettez le chocolat non fondu dans un petit sac alimentaire allant au micro-ondes. Glissez le bord ouvert sous le sac et placez ce dernier dans le micro-ondes ; faites chauffer à four moyen à intervalles de 15 à 20 secondes jusqu'à ce que le chocolat soit fondu. Retirez délicatement le sac et laissez légèrement refroidir. Faites glisser le chocolat liquide vers un des coins inférieurs du sac. Fermez le haut du sac avec un lien pour enfermer son contenu. Coupez une minuscule pointe au coin du sac pour verser le chocolat.

Tarte au chocolat

Pour 10 personnes

Préparation 25 minutes • Réfrigération 1 heure
Cuisson 55 minutes

4 jaunes d'œufs
2 œufs
55 g de sucre en poudre
80 ml de crème fraîche épaisse
300 g de chocolat noir fondu
1 c. c. d'extrait de vanille
30 g de poudre de cacao

Pâte
185 g de farine
25 g de cacao en poudre
55 g de sucre glace
150 de beurre froid coupé en dés
2 jaunes d'œufs
1 c. c. d'eau glacée

1. Préparez la pâte à tarte. Battez rapidement la farine, le cacao, le sucre et le beurre avant d'ajouter les jaunes d'œufs et l'eau. Continuez de battre jusqu'à obtention d'un mélange homogène puis pétrissez la pâte sur un plan de travail fariné. Quand elle est lisse et souple, ramassez-la en boule, mettez-la dans un saladier, couvrez et réservez 30 minutes au réfrigérateur.

2. Préchauffez le four à 180 °C. Beurrez un moule à tarte. Abaissez la pâte entre deux feuilles de papier sulfurisé puis mettez-la en place dans le moule. Recoupez les bords qui dépassent puis réservez à nouveau 30 minutes au réfrigérateur. Garnissez le fond de pâte d'un disque de papier sulfurisé, ajoutez des haricots secs et faites cuire 15 minutes au four. Quand la pâte est sèche, retirez les haricots et le papier sulfurisé. Prolongez la cuisson à 160 °C pendant 10 minutes pour que la pâte soit légèrement dorée. Laissez refroidir à température ambiante.

3. Fouettez ensemble les jaunes d'œufs, les œufs et le sucre en poudre pour obtenir un mélange mousseux. Incorporez la crème, le chocolat fondu et l'extrait de vanille.

4. Nappez le fond de tarte de cette préparation et faites cuire 30 minutes au four à 160 °C. Laissez refroidir à température ambiante. Saupoudrez uniformément de cacao avant de servir.

Ganache au chocolat et aux framboises

Pour 12 personnes

Préparation 25 minutes • Cuisson 1 h 25

35 g de cacao en poudre
80 ml d'eau
150 g de chocolat noir fondu
150 g de beurre ramolli
300 g de sucre roux
125 g d'amandes en poudre
4 œufs, blancs et jaunes séparés
200 g de chocolat noir coupé en morceaux
160 ml de crème fraîche épaisse
300 g de framboises fraîches

1. Préchauffez le four à 160 °C. Beurrez un moule à cake rond.

2. Fouettez le cacao et l'eau puis incorporez le chocolat fondu, le beurre, le sucre, les amandes en poudre et les jaunes d'œufs.

3. Battez les blancs d'œufs en neige ferme puis ajoutez-les en deux fois à la préparation au chocolat. Versez la pâte dans le moule et faites cuire 1 h 15 au four. Quand le gâteau est cuit, laissez-le reposer 15 minutes à température ambiante avant de le démouler. Laissez refroidir.

4. Mélangez le chocolat en morceaux et la crème dans une casserole. Laissez fondre le mélange à feu doux, sans cesser de remuer. Disposez les framboises sur le gâteau puis décorez-les de nappage au chocolat. Laissez raffermir le nappage à température ambiante avant de servir le gâteau.

Astuces Vous pouvez préparer le gâteau 3 jours à l'avance. La garniture aux framboises et au chocolat sera mise en place au dernier moment. Vous pouvez faire fondre le chocolat et la crème au micro-ondes.

Ganache au chocolat blanc

Pour 12 personnes

Préparation 50 minutes • Cuisson 1 h 45

250 g de beurre en morceaux
180 g de chocolat blanc
330 g de sucre en poudre
180 ml de lait
225 g de farine
75 g de farine avec levure incorporée
½ c. c. d'extrait de vanille
2 œufs légèrement battus

Nappage

125 ml de crème fraîche épaisse
360 g de chocolat blanc en morceaux

Copeaux de chocolat

100 g de chocolat noir
100 g de chocolat blanc
100 g de chocolat au lait

1. Préchauffez le four à 180 °C. Beurrez un moule à cake rond.

2. Mélangez le beurre, le chocolat blanc, le sucre et le lait dans une casserole. Faites fondre à feu doux en remuant régulièrement puis laissez reposer 15 minutes avant d'incorporer les farines mélangées, l'extrait de vanille et les œufs. Versez la préparation dans le moule et faites cuire 1 h 40 au four. Laissez refroidir dans le moule.

3. Préparez le nappage au chocolat : faites chauffer la crème dans une casserole jusqu'au point d'ébullition puis versez-la dans un récipient contenant le chocolat blanc en morceaux. Mélangez avec une cuillère en bois puis laissez raffermir 20 minutes au réfrigérateur. Le nappage doit être assez épais pour être étalé facilement.

4. Préparez les copeaux : faites fondre séparément les trois chocolats puis étalez-les dans des assiettes plates. Quand le chocolat est assez ferme, grattez-le avec une cuillère à glace pour former de petits copeaux. Réfrigérez ces derniers 20 minutes environ avant d'en décorer le gâteau.

5. Démoulez le gâteau sur un plat, couvrez-le de nappage en l'étalant bien puis décorez-le de copeaux de chocolat.

Brownies au chocolat

Pour 8 personnes

Préparation 20 minutes • Cuisson 30 minutes

300 g de chocolat noir coupé en morceaux
150 g de beurre coupé en dés
330 g de sucre roux
4 œufs légèrement battus
150 g de farine
120 g de crème fraîche
75 g de noisettes grillées coupées en morceaux

Sauce au chocolat

150 g de chocolat noir grossièrement haché
300 ml de crème fraîche
75 g de sucre roux
2 c. c. de liqueur de café

1. Préchauffez le four à 180 °C. Graissez un moule rectangulaire.

2. Mélangez le chocolat et le beurre dans une casserole et laissez fondre à feu doux, en remuant sans cesse.

3. Versez le mélange dans un saladier puis incorporez le sucre et les œufs. Ajoutez enfin la farine, la crème et les noisettes. Quand la préparation est homogène, versez-la dans le moule et lissez la surface. Faites cuire au four 30 minutes puis laissez refroidir.

4. Pendant ce temps, préparez la sauce au chocolat : faites fondre à feu doux le chocolat, la crème et le sucre dans une casserole jusqu'à obtention d'une sauce lisse. Retirez du feu puis ajoutez la liqueur.

5. Au moment de servir, détaillez le gâteau en rectangles puis nappez-les de sauce au chocolat.

Astuces *Pour parfumer la sauce au chocolat, vous pouvez opter pour d'autres saveurs : crème de whisky, liqueur d'orange ou de mandarine… Servez les brownies avec une boule de glace à la vanille ou une pleine cuillerée de crème fouettée.*

Délice de Satan

Pour 8 à 10 personnes

Préparation 45 minutes • Cuisson 45 minutes

180 g de beurre en morceaux
285 g de sucre en poudre
3 œufs
225 g de farine à gâteau
75 g de farine de blé
3 c. c. de café soluble
70 g de cacao en poudre
½ c. c. de bicarbonate de soude
½ c. c. de colorant alimentaire rouge
125 ml d'eau
125 ml de lait
300 ml de crème épaisse fouettée

Glaçage au chocolat

60 g de chocolat noir en petits morceaux
60 g de beurre en morceaux

1. Préchauffez le four à 180 °C. Beurrez deux grands moules ronds. Chemisez le fond de papier sulfurisé beurré.

2. Fouettez le beurre et le sucre dans un récipient puis incorporez un à un les œufs, sans cesser de battre. Ajoutez les deux farines tamisées puis le café, le cacao, le bicarbonate, le colorant, l'eau et le lait. Répartissez la pâte entre les deux moules.

3. Faites cuire 45 minutes au four. Démoulez les gâteaux sur une grille et laissez-les refroidir.

4. Préparez le glaçage au chocolat. Mélangez le beurre et le chocolat dans un récipient et faites fondre le mélange au bain-marie. Retirez le récipient de la casserole et laissez refroidir le chocolat fondu à température ambiante avant de l'étaler (remuez de temps en temps pour qu'il ne se fige pas).

5. Assemblez les deux gâteaux après avoir étalé la crème fouettée sur celui qui forme la base. Nappez le dessus avec le glaçage.

Astuce *Vous pouvez faire cuire les gâteaux 48 heures à l'avance ; vous les garnirez avant de servir.*

Moelleux fourré au chocolat

Pour 8 à 10 personnes

Préparation 30 minutes • Cuisson 1 heure
Réfrigération 3 heures

180 g de beurre en petits morceaux
1 c. c. d'extrait de vanille
330 g de sucre en poudre
4 œufs, jaunes et blancs séparés
110 g de farine à levure incorporée
35 g de cacao en poudre
180 ml de babeurre

Garniture au chocolat

400 g de chocolat noir fondu
250 g de beurre fondu
80 g de sucre glace

1. Préchauffez le four à 180 °C. Beurrez un moule rond et chemisez-le de papier sulfurisé.

2. Battez au mixeur le beurre, l'extrait de vanille et le sucre puis incorporez rapidement les jaunes d'œufs un à un. Versez la préparation dans un saladier avant d'ajouter la farine et le cacao puis le babeurre.

3. Montez les blancs en neige puis incorporez-les en deux fois à la pâte. Versez-la dans le moule et faites cuire 1 heure au four. Laissez refroidir le gâteau dans le moule.

4. Préparez la garniture au chocolat. Mélangez le beurre et le chocolat puis incorporez le sucre glace. Laissez refroidir à température ambiante avant de remélanger cette préparation avec une cuillère en bois pour qu'elle soit plus facile à étaler.

5. Coupez le gâteau en trois disques. Étalez une couche de garniture sur celui du bas, posez le deuxième disque dessus et recouvrez-le à son tour de garniture ; posez enfin le troisième disque. Nappez le dessus et les côtés avec le reste de garniture et réfrigérez au moins 3 heures.

Astuce *Vous pouvez préparer ce gâteau la veille. Pour la garniture, n'hésitez pas à utiliser le micro-ondes pour faire fondre le chocolat et le beurre.*

Gâteau au chocolat et son coulis de framboise

Pour 8 personnes

Préparation 20 minutes • Cuisson 1 h 50

250 g de beurre
1 c. s. de café instantané
375 ml d'eau chaude
440 g de sucre roux
200 g de chocolat noir cassé en gros morceaux
225 g de farine à levure incorporée
150 g de farine
25 g de cacao + 2 c. s. pour décorer
2 œufs
2 c. c. d'essence de vanille
150 g de framboises fraîches ou surgelées

1. Préchauffez le four à 150 °C. Graissez un moule rond de 22 cm de diamètre, recouvrez le fond et les parois de papier sulfurisé.

2. Faites fondre le beurre dans une casserole moyenne. Mélangez le café à l'eau chaude, et ajoutez-le au beurre en même temps que le sucre roux et le chocolat. Remuez à feu doux sans faire bouillir, jusqu'à ce que le mélange soit lisse. Transvasez dans un grand saladier et laissez tiédir.

3. À l'aide d'un batteur électrique à vitesse lente, battez le mélange de chocolat refroidi, et ajoutez en trois fois les deux farines et 25 g de cacao en les tamisant. Ajoutez les œufs, un à un, puis l'essence de vanille. Versez la pâte dans le moule. Enfournez et laissez cuire sans couvrir 1 h 45. Laissez refroidir le gâteau 15 minutes puis retournez-le sur une grille.

4. Pendant ce temps, passez les framboises afin d'enlever les graines.

5. À l'aide d'une petite passoire, saupoudrez le gâteau de cacao. Servez accompagné du coulis.

Astuces Ce gâteau est fragile, vous ne pouvez pas le retourner à la main : utilisez pour cela deux grilles. Dans la manœuvre, veillez à ne pas écraser le gâteau ! Le gâteau est cuit quand il se détache légèrement des parois du moule, il est un peu ferme au toucher, un couteau enfoncé au centre ressort propre. Ce gâteau se conserve jusqu'à 5 jours, à condition de le mettre dans une boîte hermétique, une fois qu'il est à température ambiante. Si le temps est humide, placez la boîte au réfrigérateur.

Gâteau roulé au chocolat et aux framboises

Pour 8 personnes

Préparation 15 minutes • Cuisson 15 minutes • Réfrigération 30 minutes

200 g de chocolat noir coupé en morceaux
60 ml d'eau chaude
1 c. s. de café instantané
4 œufs, blancs et jaunes séparés
165 g de sucre en poudre
300 ml de crème fraîche épaisse
150 g de framboises fraîches

1. Préchauffez le four à 180 °C. Chemisez de papier sulfurisé un moule rectangulaire peu profond en le laissant dépasser sur les côtés.

2. Mettez le chocolat, l'eau et le café dans un récipient et laissez fondre à feu doux. Fouettez les jaunes d'œufs et un tiers du sucre pour obtenir un mélange mousseux puis ajoutez-les au chocolat fondu.

3. Battez les blancs d'œufs en neige ferme jusqu'à ce que de petits pics se forment à la surface puis incorporez-les en deux fois au mélange chocolaté. Versez la préparation dans le moule et faites-la cuire 10 minutes au four.

4. Coupez une feuille de papier sulfurisé aux dimensions du moule et saupoudrez-la avec le reste du sucre. Quand le gâteau est cuit, démoulez-le sur cette feuille et retirez le papier qui garnissait le moule. Laissez refroidir.

5. Fouettez vigoureusement la crème fraîche puis étalez-la sur le gâteau avant de le garnir de framboises. Roulez le gâteau en vous aidant de la feuille de papier puis mettez-le 30 minutes au réfrigérateur.

Conseil *Vous pouvez préparer la base du gâteau la veille et le garnir jusqu'à 3 heures avant de servir : au-delà, la pâte prendra l'humidité de la crème fouettée.*

Incorporez les blancs d'œufs au mélange à base de chocolat.

Démoulez le gâteau sur du papier sulfurisé saupoudré de sucre.

Utilisez le papier sulfurisé pour vous aider à rouler.

Pavé au chocolat et son glaçage

Pour 20 personnes

Préparation 20 minutes • Cuisson 50 minutes

500 ml d'eau
660 g de sucre en poudre
250 g de beurre en morceaux
35 g de cacao
1 c. c. de bicarbonate de soude
450 g de farine à levure incorporée
4 œufs battus légèrement

Glaçage au chocolat

90 g de beurre
80 ml d'eau
110 g de sucre en poudre
240 g de sucre glace
35 g de cacao

1. Préchauffez le four à 180-190 °C. Graissez un plat rectangulaire à bord haut de 26 x 33 cm ; tapissez-en le fond de papier sulfurisé.

2. Mettez dans une casserole l'eau, le sucre, le beurre, le cacao et le bicarbonate de soude. Laissez chauffer à feu doux en remuant sans cesse pour faire dissoudre le sucre puis portez à ébullition. Laissez ensuite frémir 5 minutes sans couvrir avant de verser ce mélange dans un grand récipient.

3. Quand la préparation a un peu refroidi, incorporez la farine et les œufs. Fouettez au batteur électrique pour obtenir un mélange lisse. Versez-le dans le moule et faites-le cuire 50 minutes au four.

4. À la sortie du four, laissez le gâteau reposer 10 minutes avant de le démouler sur une grille. Faites-le refroidir à température ambiante.

5. Pour le glaçage, mélangez dans une casserole le beurre, l'eau et le sucre en poudre, laissez chauffer à feu doux en remuant puis incorporez le sucre glace et le cacao tamisés. Mélangez bien et laissez le glaçage raffermir 20 minutes au réfrigérateur. Avant de l'étaler, battez-le avec une cuillère en bois. Nappez-en le gâteau complètement refroidi. Coupez ce dernier en carrés pour servir.

Fondants au chocolat et coulis au café

Pour 12 fondants

Préparation 15 minutes • Cuisson 20 minutes

50 g de cacao en poudre
220 g de sucre roux
125 ml d'eau bouillante
85 g de chocolat noir grossièrement râpé
2 jaunes d'œufs
30 g d'amandes en poudre
50 g de farine complète
4 blancs d'œufs

Coulis au café

165 g de sucre roux
180 ml d'eau
1 c. s. de café soluble

1. Préchauffez le four à 160 °C. Graissez légèrement douze moules à muffins.

2. Mélangez le cacao tamisé et le sucre dans un saladier. Incorporez l'eau, puis le chocolat et mélangez jusqu'à l'obtention d'une pâte homogène. Ajoutez enfin les jaunes d'œufs, les amandes en poudre et la farine.

3. Montez les blancs en neige ferme dans un saladier puis incorporez-les en deux fois au mélange chocolaté. Répartissez cette préparation dans les moules à muffins et faites cuire 20 minutes au four.

4. Pendant la cuisson des muffins, préparez le coulis au café. Versez l'eau et le sucre dans une casserole et laissez chauffer à feu doux jusqu'à dissolution du sucre. Portez à ébullition puis réduisez le feu et laissez frémir 15 minutes sans remuer. Quand le sirop a épaissi, incorporez le café soluble, mélangez bien puis versez le coulis dans une saucière ou un pot à lait.

5. Laissez reposer les muffins 5 minutes avant de les démouler sur une assiette. Nappez-les de coulis au café chaud et servez sans attendre.

Mousse au chocolat

Pour 4 personnes

Préparation 5 minutes • Réfrigération 3 heures au moins
Cuisson 5 minutes

175 g de chocolat noir coupé en petits morceaux + 25 g pour décorer
300 ml de crème liquide
3 œufs, blancs et jaunes séparés
2 c. s. de sucre semoule

1. Dans un grand saladier, mélangez le chocolat et la moitié de la crème. Placez le saladier au-dessus d'une casserole d'eau frémissante et remuez jusqu'à ce que le chocolat soit fondu. Laissez refroidir 5 minutes, puis ajoutez les jaunes d'œufs, un par un.

2. Dans un petit saladier, battez les blancs d'œufs en neige à l'aide d'un batteur électrique, jusqu'à ce qu'ils forment des pointes. Ajoutez le sucre, et battez jusqu'à ce qu'il soit dissous.

3. Incorporez délicatement les blancs en neige en deux fois au mélange crème-chocolat. Versez la mousse dans quatre coupes de 160 ml. Laissez reposer au réfrigérateur quelques heures ou toute une nuit.

4. Battez le restant de crème liquide jusqu'à ce qu'elle double de volume. À l'aide d'un épluche-légumes, râpez les 25 g de chocolat en copeaux. Servez les coupes de mousse garnies de crème fouettée et de copeaux de chocolat.

Astuces *Travaillez rapidement les jaunes d'œufs avec le chocolat encore chaud, afin d'éviter que les œufs ne cuisent. Ne battez pas trop les blancs en neige : il faut qu'ils soient juste luisants et en pointes douces ; autrement, ils seront trop secs et vous aurez du mal à les incorporer au chocolat. Veillez à mélanger délicatement les blancs en neige au chocolat encore tiède en vous servant d'une spatule souple.*

Faites fondre le chocolat avec la moitié de la crème fraîche.

Incorporez les blancs en neige.

Verrines au Nutella

Pour 6 personnes

Préparation 30 minutes • Réfrigération 4 heures
Cuisson 5 minutes

250 ml de lait
165 g de Nutella
4 jaunes d'œufs
55 g de sucre en poudre
2 c. c. de gélatine
1 c. s. d'eau
300 ml de crème fraîche épaisse

Coulis de framboises
200 g de framboises
2 c. s. de sucre glace

1. Mélangez le lait et le Nutella dans une petite casserole. Faites chauffer à feu doux jusqu'à ce que le Nutella ait fondu puis portez à ébullition. Transférez dans un bol.

2. Battez les jaunes d'œufs et le sucre en poudre dans un saladier jusqu'à obtention d'un mélange épais et crémeux puis incorporez-le peu à peu au mélange à base de Nutella.

3. Mettez la gélatine et l'eau dans un petit pot résistant à la chaleur. Placez le pot sur une petite casserole d'eau frémissante, en remuant régulièrement, jusqu'à ce que la gélatine soit dissoute. Incorporez le mélange à base de gélatine dans la préparation. Laissez refroidir à température ambiante.

4. Battez la crème jusqu'à ce qu'elle soit bien ferme. Incorporez-la au mélange à base de Nutella. Répartissez la préparation dans six verres d'une contenance de 180 ml. Entreposez 4 heures environ au réfrigérateur.

5. Pendant ce temps, préparez le coulis de framboise : tamisez les framboises au-dessus d'un petit bol, jetez les graines. Incorporez le sucre glace.

6. Nappez le dessert de coulis de framboise au moment de servir.

Astuces *À défaut de framboises fraîches, utilisez des framboises surgelées.*
Lorsqu'on ajoute de la gélatine dissoute à une préparation, toutes deux doivent être à peu près à la même température.

Verrines aux cerises et au chocolat

Pour 6 personnes

Préparation 30 minutes • Réfrigération 12 heures

2 feuilles de gélatine
400 ml d'eau
20 ml de sirop de cerise
6 mini-gâteaux roulés, grossièrement hachés
60 ml de sherry
425 g de bigarreaux dénoyautés et égouttés
375 ml de crème anglaise allégée à la vanille
3 x 20 g de barres de chocolat allégé en copeaux

1. Faites tremper les feuilles de gélatine dans l'eau mélangée au sirop de cerise, puis laissez prendre 1 heure au réfrigérateur. La gélatine ne doit pas être complètement figée.

2. Pendant ce temps, mélangez les roulés et le sherry dans un saladier. Répartissez la moitié de ce mélange dans six verres de présentation et réservez le reste.

3. Remuez la gélatine à la cuillère pour qu'elle se défasse un peu et versez-en la moitié dans les verres. Ajoutez la moitié des cerises, puis placez 15 minutes au réfrigérateur. Ajoutez le reste du mélange gâteaux-sherry, puis la crème anglaise. Terminez par les cerises et la gelée.

4. Couvrez et faites prendre toute une nuit au réfrigérateur.

5. Au moment de servir, décorez de copeaux de chocolat.

Astuce *Garnissez ces verrines de crème fouettée légère.*

Soufflés au chocolat et coulis de framboise

Pour 4 personnes

Préparation 15 minutes • Cuisson 20 minutes

1 c. s. de sucre en poudre
50 g de beurre
1 c. s. de farine
200 g de chocolat noir fondu
2 jaunes d'œufs
4 blancs d'œufs
55 g de sucre en poudre

Coulis de framboises

150 g de framboises surgelées
2 c. s. de sucre en poudre
4 clous de girofle
125 ml de vin rouge

1. Préchauffez le four à 200 °C. Graissez quatre moules à soufflé. Saupoudrez l'intérieur de sucre en les secouant pour éliminer l'excédent. Posez-les sur une plaque de cuisson. Faites fondre le beurre dans une casserole puis ajoutez la farine en remuant 2 minutes, jusqu'à ce que l'appareil épaississe et forme des bouillons. Retirez la casserole du feu puis incorporez le chocolat et les jaunes d'œufs. Transférez le mélange dans un saladier.

2. Battez les blancs d'œufs en neige. Incorporez 55 g de sucre en procédant en plusieurs fois sans cesser de fouetter, jusqu'à dissolution du sucre. Incorporez délicatement les blancs en neige au mélange au chocolat, en procédant en deux fois.

3. Répartissez l'appareil dans les moules et laissez cuire environ 15 minutes au four, jusqu'à ce que les soufflés montent.

4. Pendant ce temps, préparez le coulis de framboise. Mélangez les framboises et le sucre dans une casserole et faites chauffer le tout sans le laisser bouillir, jusqu'à dissolution du sucre. Ajoutez les clous de girofle et le vin puis portez à ébullition. Baissez le feu et laissez mijoter 5 minutes à couvert, jusqu'à ce que le coulis ait épaissi. Passez-le dans un tamis fin et servez-le dans un petit récipient.

5. Servez les soufflés accompagnés de ce coulis.

Profiteroles au chocolat

Pour 6 personnes

Préparation 45 minutes • Cuisson 35 minutes

Pâte à choux
75 g de beurre
180 ml d'eau
110 g de farine
3 œufs

Crème pâtissière
560 ml de lait
1 gousse de vanille fendue en deux
6 jaunes d'œufs
150 g de sucre en poudre
75 g de farine

Sauce au chocolat
100 g de chocolat noir coupé en morceaux
30 g de beurre
80 ml de crème liquide
1 c. s. de liqueur d'orange

1. Préparez d'abord la pâte à choux (voir page 106), puis façonnez des petits choux (la pâte ne doit pas reposer). Disposez-les sur les plaques de cuisson recouverte de papier sulfurisé à 4 cm d'intervalle et faites cuire 7 minutes au four. Quand les choux ont gonflé, réduisez le thermostat à 180 °C et prolongez la cuisson 10 minutes. Faites une petite entaille à la base de chaque chou et faites cuire encore 5 minutes puis retirez du four et laissez refroidir.

2. Puis la crème pâtissière : mettez le lait et la vanille dans une casserole, portez à ébullition puis retirez aussitôt du feu. Laissez infuser 10 minutes avant de jeter la gousse de vanille. Battez les jaunes d'œufs et le sucre pour obtenir un mélange mousseux. Ajoutez la farine sans cesser de battre puis incorporez progressivement le lait tiédi, toujours en battant régulièrement. Remettez le mélange sur le feu et portez à ébullition, en remuant la crème avec une cuillère en bois. Réduisez le feu et laissez frémir 10 minutes, sans cesser de remuer, puis retirez du feu et laissez refroidir à température ambiante, après avoir posé une feuille de papier sulfurisé directement sur la crème pour empêcher la formation d'une peau. En refroidissant, la crème va épaissir.

3. Et la sauce au chocolat : mélangez tous les ingrédients de la sauce dans une casserole et laissez fondre à feu doux en remuant.

4. Remplissez une poche à douille (embout de 1 cm) de crème pâtissière puis fourrez les profiteroles en introduisant la crème par la petite entaille existante. Disposez 6 profiteroles dans chaque assiette et nappez-les de sauce au chocolat. Servez aussitôt.

Conseil *La pâte à choux diffère des autres pâtes car elle se prépare en partie à chaud. Si elle n'est pas très difficile à réussir, il faut cependant la travailler vite pour qu'elle puisse bien gonfler.*

Crèmes, entremets, glaces

Crème brûlée

Pour 6 personnes

Préparation 15 minutes • Réfrigération 3 heures
Cuisson 40 minutes

1 gousse de vanille
750 ml de crème fraîche
6 jaunes d'œufs
100 g de sucre en poudre

1. Préchauffez le four à 180 °C. Coupez la gousse de vanille en deux et prélevez les graines avec la pointe d'un couteau (réservez-les). Faites chauffer la crème et la gousse de vanille dans une casserole à feu doux, sans laisser bouillir.

2. Fouettez les jaunes d'œufs, 60 g de sucre et les graines de vanille dans un récipient résistant à la chaleur avant d'incorporer la crème chaude. Mettez le récipient au-dessus d'une grande casserole d'eau frémissante et faites cuire la crème 10 minutes au bain-marie, sans cesser de remuer. Quand la crème a épaissi, retirez le récipient de la casserole puis ôtez la gousse de vanille.

3. Répartissez la crème dans six ramequins. Placez ces derniers dans un grand plat allant au four et versez de l'eau chaude dans le plat jusqu'à mi-hauteur. Faites cuire les crèmes 20 minutes au four jusqu'à ce qu'elles soient fermes. Laissez refroidir à température ambiante puis mettez au moins 3 heures au réfrigérateur.

4. Avant de servir, préchauffez le four en position gril. Disposez les moules dans un grand plat rempli de glaçons. Saupoudrez uniformément les crèmes avec le reste du sucre et faites-les dorer sous le gril. Le sucre doit caraméliser.

Crème brûlée aux fruits de la passion et à la noix de coco

Pour 8 personnes.

Préparation 15 minutes • Réfrigération 3 heures
Cuisson 40 minutes

2 œufs
4 jaunes d'œufs
55 g de sucre en poudre
125 ml de pulpe de fruits de la passion
400 ml de crème de coco
300 ml de crème épaisse
2 c. s. de sucre roux

1. Préchauffez le four à température moyenne.

2. Mélangez les œufs, les jaunes d'œufs, le sucre et la pulpe de fruits de la passion dans une jatte moyenne supportant la chaleur.

3. Mélangez la crème de coco et la crème épaisse dans une petite casserole ; portez à ébullition. Incorporez peu à peu au fouet cette préparation dans le mélange à base d'œufs. Placez la jatte au-dessus d'une casserole d'eau frémissante ; faites cuire à feu doux pendant 10 minutes environ, en remuant sans cesse, jusqu'à ce que la préparation épaississe légèrement.

4. Répartissez la préparation dans huit ramequins d'une contenance de 125 ml. Placez les récipients dans un grand plat allant au four. Versez suffisamment d'eau bouillante dans le plat pour qu'elle arrive à mi-hauteur des récipients. Faites cuire à température moyenne 20 minutes environ jusqu'à ce que la préparation soit juste ferme. Retirez les crèmes de l'eau ; laissez refroidir à température ambiante. Couvrez ; placez 3 heures ou toute une nuit au réfrigérateur.

5. Placez les crèmes dans un plat peu profond résistant à la flamme et rempli de glaçons ; saupoudrez chaque crème de 1 cuillerée à café de sucre roux. Avec le doigt, répartissez le sucre sur la surface de chaque crème en pressant légèrement. Mettez les crèmes sous le gril préchauffé jusqu'à ce que le dessus soit caramélisé.

Panna cotta aux fruits rouges

Pour 4 personnes

Préparation 20 minutes • Cuisson 15 minutes
Réfrigération 5 heures

120 g de framboises
½ c. c. de gélatine en poudre
2 c. c. de sucre en poudre
1 c. s. de jus de citron
80 ml de sirop d'airelle (épiceries fines)

Panna cotta
160 ml de lait
300 ml de crème fraîche épaisse
2 c. c. de gélatine en poudre
55 g de sucre en poudre
1 c. c. d'extrait de vanille

1. Beurrez quatre petits moules en métal. Déposez 4 framboises fraîches au fond de chacun d'eux.

2. Saupoudrez le sucre et la gélatine sur le jus de citron et le sirop d'airelle mélangés. Faites chauffer le tout au bain-marie jusqu'à ce que la gélatine soit dissoute.

3. Répartissez le mélange dans les moules et réfrigérez 2 heures, jusqu'à ce que la gélatine soit prise.

4. Pendant ce temps, préparez la crème des panna cotta : saupoudrez le sucre et la gélatine sur le lait et la crème mélangés. Faites chauffer le tout au bain-marie jusqu'à ce que la gélatine soit dissoute. Ajoutez l'extrait de vanille. Laissez refroidir à température ambiante. Versez-la ensuite dans les moules. Couvrez et remettez 3 heures au réfrigérateur.

5. Démoulez les panna cotta sur des assiettes à dessert. Garnissez de framboises fraîches et servez aussitôt.

Panna cotta au chocolat blanc

Pour 6 personnes

Préparation 20 minutes • Réfrigération 3 heures
Cuisson 10 minutes

300 ml de crème fraîche épaisse
180 ml de lait
150 g de chocolat blanc grossièrement coupé
75 g de sucre en poudre
2 c. c. de gélatine
1 c. s. d'eau
125 ml de pulpe de fruits de la passion
250 ml de vin doux (sauternes)

1. Graissez six petits moules d'une contenance de 125 ml.

2. Mélangez la crème, le lait, le chocolat et 2 cuillère à soupe de sucre dans une petite casserole. Faites chauffer à feu doux, en remuant, sans laisser bouillir jusqu'à ce que le mélange soit lisse.

3. Mettez la gélatine et l'eau dans un petit bol résistant à la chaleur. Faites fondre la gélatine au bain-marie en posant le bol sur une casserole d'eau frémissante. Remuez régulièrement, puis versez la gélatine dans la crème chocolatée.

4. Répartissez la préparation dans les moules. Couvrez-les et placez-les au réfrigérateur pendant 3 heures environ, jusqu'à ce que les crèmes prennent.

5. Pendant ce temps, mélangez la pulpe de fruits de la passion, le vin et le reste du sucre dans une petite casserole. Portez à ébullition et diminuez le feu. Laissez mijoter sans remuer pendant 10 minutes environ, jusqu'à ce que le sirop réduise d'un tiers. Laissez refroidir.

6. Démoulez les panna cotta sur des assiettes à dessert. Nappez-les de coulis et servez.

Astuce *Vous pouvez préparer ce dessert la veille et le conserver, couvert, au réfrigérateur.*

Trifle aux fraises

Pour 6 personnes

Préparation 10 minutes

250 g de petits roulés à la confiture de fraise
400 g de crème à la vanille (rayon frais)
250 g de fraises coupées en quatre
300 ml de crème fraîche épaisse
2 c. s. de sucre glace
du colorant alimentaire rose

1. Coupez les roulés en petites tranches puis répartissez-les dans six grands verres. Garnissez de crème à la vanille et de fraises. Réfrigérez jusqu'au moment de servir.

2. Avant de servir, fouettez au batteur électrique la crème fraîche, le sucre glace et le colorant, jusqu'à ce que de petits pics se forment à la surface. Répartissez la préparation dans les verres et servez aussitôt.

Astuce *Pour obtenir une crème fouettée bien ferme, mettez-la au moins 10 minutes au congélateur avant de la battre.*

Trifle à la mangue et aux fruits de la passion

Pour 8 personnes

Préparation 15 minutes • Cuisson 45 minutes
Réfrigération 30 minutes

1 mangue coupée en gros morceaux
1 fruit de la passion coupé en deux
2 blancs d'œufs
75 g de sucre en poudre
400 g de yaourt à la vanille

1. Mixez la mangue et le fruit de la passion.

2. Battez les blancs d'œufs en neige ferme en ajoutant progressivement le sucre, jusqu'à ce que la préparation soit lisse. Incorporez le yaourt.

3. Répartissez dans des coupes, en couches alternées, la purée de fruits et la préparation au yaourt. Réfrigérez 30 minutes avant de servir.

Astuce *Préparez ce dessert avec de la purée de mangue (rayon surgelés) si vous ne trouvez pas de mangue fraîche.*

Trifle aux abricots

Pour 6 personnes

Préparation 40 minutes • Cuisson 10 minutes
Réfrigération 30 minutes

500 ml de lait
30 g de préparation en poudre pour crème anglaise
50 g de sucre roux en morceaux
2 œufs
1 c. s. d'extrait de vanille
825 g d'abricots en boîte
375 ml de nectar d'abricot
2 c. c. de gélatine en poudre
250 g de biscuits fourrés aux fruits
80 ml de Cointreau
300 ml de crème fraîche fouettée

1. Faites bouillir le lait dans une casserole puis retirez-le du feu. Fouettez dans un récipient la préparation pour crème anglaise, le sucre et les œufs puis versez ce mélange dans la casserole et remuez. Laissez chauffer jusqu'au point d'ébullition, en remuant sans cesse. Quand la crème a épaissi, retirez-la du feu et incorporez l'extrait de vanille. Couvrez et laissez refroidir à température ambiante.

2. Égouttez les abricots et réservez-les. Récupérez le jus dans une casserole. Versez le nectar d'abricot et saupoudrez la gélatine dessus. Faites chauffer le mélange au bain-marie pour faire dissoudre la gélatine, en remuant régulièrement, puis laissez reposer à température ambiante.

3. Coupez les abricots en tranches fines et tapissez-en le fond d'un moule rectangulaire. Versez la gélatine et laissez prendre au moins 30 minutes au réfrigérateur.

4. Coupez les biscuits en tranches de 1 cm d'épaisseur et répartissez-en la moitié dans six verres hauts. Arrosez avec la moitié du Cointreau. Coupez la gelée en cubes de 5 cm et mettez-en la moitié dans les verres puis couvrez-les avec la moitié de la crème fouettée. Répétez l'opération en disposant successivement le reste des biscuits (nappez-les de Cointreau) puis le reste de la gelée et enfin le reste de la crème. Mettez au réfrigérateur jusqu'au moment de servir.

Bombe glacée à la mangue

Pour 6 personnes

Préparation 20 minutes • Congélation 2 heures • Cuisson 3 minutes

2 litres de crème glacée à la mangue
60 ml de jus d'orange
2 c. s. de liqueur d'orange
1 génoise ronde de 16 cm
1 mangue épluchée et détaillée en tranches fines
4 blancs d'œufs
220 g de sucre en poudre

1. Sortez la crème glacée au moins 30 minutes à température ambiante pour la faire ramollir. Pendant ce temps, garnissez de film alimentaire un moule de 15 cm de diamètre en le faisant dépasser sur les côtés. Étalez la crème glacée à la mangue au fond du moule et congelez 2 heures.

2. Préchauffez le four en position gril.

3. Mélangez le jus d'orange et la liqueur. Coupez le dessus bombé de la génoise pour obtenir une surface bien plane puis recoupez la base en deux dans la hauteur. Posez la moitié inférieure sur une plaque de cuisson légèrement beurrée et badigeonnez-la de jus d'orange. Garnissez de tranches de mangue et couvrez avec la seconde moitié de la génoise, elle-même badigeonnée de jus d'orange.

4. Démoulez la glace à la mangue sur la génoise puis recoupez les bords de cette dernière pour que son diamètre soit égal à celui de la glace. Travaillez la glace pour lui donner une forme légèrement bombée. Remettez le tout au congélateur.

5. Battez les œufs en neige ferme en incorporant le sucre cuillerée par cuillerée. Quand la meringue est prête, étalez-la sur la bombe glacée en l'enveloppant complètement. Passez la bombe 3 minutes sous le gril du four pour que la meringue dore légèrement. Servez aussitôt.

Étalez la crème glacée au fond et sur les bords des moules.

Étalez la meringue sur la bombe glacée en l'enveloppant complètement.

Crème au chocolat

Pour 8 personnes

Préparation 15 minutes • Cuisson 5 minutes
Réfrigération 2 heures

300 g de chocolat noir en morceaux
50 g de beurre
3 œufs, blancs et jaunes séparés
1 c. s. de crème de whisky
55 g de sucre en poudre
300 ml de crème fraîche épaisse fouettée

1. Mettez le chocolat et le beurre dans une casserole. Faites fondre le mélange à feu très doux, en remuant sans cesse. Retirez du feu.

2. Incorporez les jaunes d'œufs un par un, puis la crème de whisky. Versez ce mélange dans un récipient et laissez refroidir.

3. Battez les blancs d'œufs en neige ferme en ajoutant le sucre cuillerée par cuillerée. Incorporez la crème fouettée au mélange chocolaté puis ajoutez les blancs en neige en deux fois. Répartissez la crème dans des coupes, couvrez et réfrigérez 2 heures.

Astuces *Cette crème au chocolat sera meilleure si vous la préparez la veille. Faites fondre le beurre et le chocolat au micro-ondes pour gagner du temps.*

Crème à la rhubarbe

Pour 4 personnes

Préparation 20 minutes • Cuisson 10 minutes
Réfrigération 2 heures

250 g de rhubarbe fraîche pelée
et coupée en morceaux
55 g de sucre en poudre
½ c. c. de cannelle en poudre
125 ml d'eau
180 ml de crème fraîche épaisse
1 c. s. de sucre glace
250 ml de crème anglaise toute prête

1. Mettez la rhubarbe, le sucre, la cannelle et l'eau dans une casserole. Portez à ébullition puis laissez frémir 10 minutes. Quand la rhubarbe est cuite, transférez le mélange dans un grand bol et mettez 1 heure au réfrigérateur.

2. Fouettez la crème fraîche et le sucre glace au batteur électrique, jusqu'à ce que de petits pics se forment. Incorporez la crème anglaise à la compote de rhubarbe puis ajoutez la crème fouettée en remuant délicatement.

3. Répartissez la préparation dans quatre coupes de service et mettez 1 heure au réfrigérateur.

Astuce *Pour obtenir une crème fouettée bien ferme, mettez-la au moins 10 minutes au congélateur avant de la battre.*

Crème renversée à la cannelle

Pour 8 personnes

Préparation 15 minutes • Cuisson 1 heure
Réfrigération 24 heures

300 g de sucre en poudre
125 ml d'eau
625 ml de lait
300 ml de crème fraîche épaisse
2 bâtons de cannelle
2 clous de girofle
4 œufs
2 jaunes d'œufs
2 c. c. d'extrait de vanille

1. Préchauffez le four à 160 °C.

2. Mélangez 220 g de sucre et l'eau dans une casserole et faites chauffer à feu doux. Quand le sucre est dissous, portez à ébullition puis réduisez le feu et laissez frémir sans remuer jusqu'à obtention d'un sirop doré. Versez ce sirop dans un moule à cake rond. Laissez refroidir.

3. Mélangez le lait, la crème et les épices dans une casserole et portez à ébullition. Après quelques bouillons, retirez du feu, couvrez et laissez infuser 15 minutes. Filtrez la crème et jetez les résidus solides.

4. Battez ensemble les œufs, les jaunes d'œufs, le reste du sucre et l'extrait de vanille avant d'incorporer le lait à la cannelle. Versez le mélange sur le caramel puis mettez le moule dans un grand plat. Versez de l'eau chaude dans le plat jusqu'à mi-hauteur du moule, enfournez et laissez cuire la crème 45 minutes au bain-marie. Quand elle est ferme au toucher, sortez-la du four et laissez-la refroidir à température ambiante. Couvrez et laissez 24 heures au réfrigérateur. Démoulez la crème au moment de servir.

Riz au lait de coco et à la mangue

Pour 4 personnes

Préparation 15 minutes

300 ml de crème fraîche épaisse
125 ml de crème de coco
80 g de sucre glace
340 g de riz blanc cuit
600 g de mangue grossièrement hachée
25 g de copeaux de noix de coco grillés

1. Fouettez la crème fraîche, la crème de coco et le sucre dans un bol jusqu'à obtention d'un mélange ferme.

2. Versez le riz dans un saladier et incorporez la crème battue. Remuez bien et placez au réfrigérateur pendant que vous préparez la mangue.

3. Mixez les trois quarts de la mangue. Tranchez le quart restant en fines lamelles. Répartissez la préparation au riz et la purée de mangue en couches alternées dans de grands verres de présentation. Décorez de lamelles de mangue et de copeaux de noix de coco.

Astuce *Vous pouvez remplacer la mangue par de la papaye ou des fruits rouges de votre choix.*

Trifle aux fruits rouges

Pour 6 personnes

Préparation 30 minutes • Réfrigération 3 heures

430 ml de crème fraîche épaisse
40 g de sucre glace
1 c. s. de zeste d'orange râpé finement
250 g de mascarpone
60 ml de Cointreau
150 g de myrtilles
250 g de framboises
250 g de fraises coupées en quatre
250 ml de jus d'orange fraîchement pressé
250 g de biscuits à la cuillère

1. Fouettez la crème et le sucre glace avant d'incorporer le zeste d'orange, le mascarpone et 2 cuillerées à soupe de Cointreau.

2. Dans un bol, mélangez les fruits et la moitié du Cointreau restant. Dans un autre bol, mélangez le reste du Cointreau et le jus d'orange.

3. Plongez un à un la moitié des biscuits dans le mélange Cointreau-jus d'orange puis tapissez-en le fond d'un moule. Recouvrez-les avec la moitié de la crème fouettée puis disposez dessus la moitié des fruits.

4. Plongez un à un le reste des biscuits dans le mélange Cointreau-jus d'orange puis couvrez-en les fruits. Disposez ensuite le reste de crème fouettée puis le reste des fruits. Mettez au réfrigérateur au moins 3 heures avant de servir.

Café gourmand

Monocles à la confiture

Pour 24 monocles

Préparation 30 minutes • Cuisson 15 minutes

125 g de beurre ramolli
½ c. c. d'extrait de vanille
110 g de sucre en poudre
120 g d'amandes en poudre
1 œuf
100 g de farine de ménage
2 c. s. de confiture de framboise

1. Préchauffez le four à 180 °C. Beurrez deux plaques de cuisson et chemisez-les de papier sulfurisé.

2. Battez en crème légère le beurre, l'extrait de vanille, le sucre et les amandes en poudre. Ajoutez l'œuf en fouettant bien. Incorporez la farine tamisée.

3. Faites tomber des cuillerées rases de pâte sur les plaques, à 5 cm de distance. Creusez un petit puits au centre et remplissez-le de confiture. Faites cuire 15 minutes au four. Laissez refroidir sur les plaques.

Langues de chat à la vanille

Pour 24 langues de chat

Préparation 20 minutes • Cuisson 5 minutes

30 g de beurre ramolli
55 g de sucre en poudre
1 gousse de vanille
1 blanc d'œuf légèrement battu
35 g de farine de ménage

1. Préchauffez le four à 200 °C. Beurrez deux plaques de cuisson et chemisez-les de papier sulfurisé.

2. Mettez le beurre et le sucre dans un saladier ; fendez la gousse de vanille en deux dans la longueur et grattez l'intérieur pour récupérer les graines dans le saladier. Battez le mélange en crème avant d'incorporer le blanc d'œuf et la farine. Versez la pâte dans une poche à douille munie d'un embout simple de 5 mm de diamètre.

3. Formez des langues de chat de 6 cm de long environ, en veillant à les espacer de 5 cm. Faites cuire 5 minutes au four. Laissez refroidir sur les plaques.

Roulés aux noisettes

Pour 30 roulés

Préparation 20 minutes • Réfrigération 1 h 30
Cuisson 20 minutes

185 g de farine de ménage
100 g de beurre détaillé en cubes
110 g de sucre en poudre
1 jaune d'œuf
1 c. s. de lait environ
110 g de Nutella
2 c. s. de noisettes en poudre

1. Préchauffez le four à 180 °C. Beurrez deux plaques de cuisson et chemisez-les de papier sulfurisé.

2. Malaxez en chapelure la farine, le beurre et le sucre. Ajoutez le jaune d'œuf et mélangez de nouveau en ajoutant suffisamment de lait pour que la pâte forme une boule. Pétrissez cette dernière sur une surface légèrement farinée jusqu'à ce qu'elle soit lisse. Réfrigérez-la 1 heure à couvert.

3. Abaissez la pâte entre deux feuilles de papier sulfurisé pour obtenir un rectangle de 20 x 30 cm. Retirez la feuille du haut. Tartinez uniformément la pâte de Nutella et saupoudrez de noisettes en poudre. Formez un rouleau serré en partant d'un grand côté, couvrez de film alimentaire et réfrigérez 30 minutes.

4. Retirez le film alimentaire et découpez la bûche en tranches de 1 cm. Placez celles-ci sur les plaques, à 2 cm de distance. Faites-les cuire au four 20 minutes. Laissez-les reposer 5 minutes sur les plaques avant de les mettre à refroidir sur une grille.

Astuce *Vous pouvez préparer vous-même les noisettes en poudre. Faites griller rapidement des noisettes entières dans une petite poêle, en remuant constamment pour éviter qu'elles ne roussissent. Laissez-les refroidir dans un torchon, puis frottez-les pour les débarrasser de leur peau. Broyez-les ensuite dans un moulin à épices ou un robot ménager pour obtenir la consistance d'une chapelure grossière. Veillez à ne pas trop les pulvériser pour qu'elles ne forment pas une pâte compacte.*

Macarons au sirop d'érable

Pour 24 macarons

Préparation 20 minutes • Cuisson 15 minutes

125 g de beurre ramolli
½ c. c. d'extrait de vanille
80 ml de sirop d'érable
110 g de farine de ménage
35 g de fécule de maïs

1. Préchauffez le four à 180 °C. Beurrez deux plaques de cuisson et chemisez-les de papier sulfurisé.

2. Battez en crème légère le beurre, l'extrait de vanille et le sirop d'érable. Incorporez les farines tamisées. Versez la pâte dans une poche à douille munie d'un embout en étoile de 1 cm de diamètre.

3. Formez des petites étoiles sur les plaques, à 3 cm de distance. Faites-les cuire 15 minutes environ au four. Laissez refroidir sur les plaques.

Meringues au café et aux noisettes

Pour 30 meringues

Préparation 10 minutes • Cuisson 45 minutes

2 blancs d'œufs
110 g de sucre en poudre
2 c. c. de granules de café lyophilisé
½ c. c. d'eau chaude
3 c. c. de liqueur au café
35 g de noisettes grillées

1. Préchauffez le four à 120 °C. Beurrez deux plaques de cuisson et chemisez-les de papier sulfurisé.

2. Battez en neige les blancs d'œufs. Incorporez progressivement le sucre, en fouettant bien après chaque addition.

3. Faites dissoudre le café dans l'eau chaude avant d'ajouter la liqueur. Incorporez ce mélange à la meringue.

4. Versez la meringue dans une poche à douille munie d'un embout en étoile de 5 mm de diamètre. Formez des petits tas sur les plaques, à 2 cm de distance. Décorez chaque meringue avec 1 noisette.

5. Faites cuire les meringues 45 minutes au four. Laissez-les refroidir dans le four, porte ouverte.

Baklava à l'eau de rose

Pour 16 triangles

Préparation 15 minutes • Cuisson 35 minutes

160 g d'amandes mondées
140 g de pistaches écalées
2 c. c. de cannelle moulue
1 c. c. de clous de girofle moulus
1 c. c. de noix de muscade râpée
16 feuilles de brick
80 g de beurre fondu

Sirop à l'eau de rose
250 ml d'eau
220 g de sucre en poudre
90 g de miel
1 c. c. d'eau de rose

1. Préchauffez le four à 180 °C. Beurrez un moule carré de 23 cm de côté.

2. Réduisez en poudre fine les fruits secs et les épices. Étalez ce mélange sur une plaque de cuisson et faites-le dorer 10 minutes sans couvrir.

3. Découpez les feuilles de brick pour qu'elles s'ajustent au fond du moule. Déposez-en trois dans le moule et badigeonnez-les de beurre fondu. Répartissez dessus un tiers des fruits secs en poudre. Répétez l'opération deux fois et terminez par une couche de brick.

4. Avec la pointe d'un couteau, découpez le baklava en 16 triangles. Faites-le cuire 25 minutes au four à 200 °C, puis encore 10 minutes à 150 °C.

5. Pendant ce temps, préparez le sirop de rose en laissant bouillir tous les ingrédients pendant 5 minutes au moins, sans couvrir ni remuer pour que le sirop épaississe. Sortez le baklava du four et arrosez-le de sirop chaud. Laissez refroidir dans le moule à température ambiante.

Astuce *Le baklava est un grands classiques de la pâtisserie du pourtour méditerranéen. Appréciez-le autrement : écrasez finement quelques carrés de baklava avant de mélanger cette chapelure avec de la glace à la vanille à peine décongelée. Remettez aussitôt au congélateur et servez en tranches pour terminer un repas d'été.*

Carrés de chocolat à la menthe

Pour 24 carrés

Préparation 10 minutes • Cuisson 10 minutes
Réfrigération 3 heures au moins

250 g de petits-beurre
100 g de beurre détaillé en cubes
125 ml de lait concentré sucré
70 g de chocolat à la menthe coupé en gros morceaux

Garniture au chocolat
200 g de chocolat au lait en morceaux
2 c. c. d'huile végétale

1. Beurrez un grand moule rectangulaire peu profond. Tapissez le fond et les grands côtés de papier sulfurisé, en laissant ce dernier dépasser de 2 cm.

2. Écrasez en poudre fine 200 g de petits-beurre. Malaxez le reste en chapelure plus grossière.

3. Faites fondre le beurre dans le lait à feu doux, en remuant constamment. Dans un saladier, mélangez les deux chapelures de biscuits avec le chocolat à la menthe avant d'incorporer le lait chaud. Remuez bien puis étalez cette pâte dans le moule. Couvrez et réfrigérez 20 minutes.

4. Mélanger les ingrédients de la garniture dans un récipient pour les faire fondre au bain-marie. Versez cette crème sur le fond de pâte et réfrigérez plusieurs heures. Découpez en 24 carrés.

Carrés de chocolat au citron

Pour 24 carrés

Préparation 10 minutes • Cuisson 10 minutes
Réfrigération 3 heures au moins

250 g de petits-beurre
100 g de beurre détaillé en cubes
125 ml de lait concentré sucré
1 c. c. de zeste de citron rapé

Garniture au citron
200 g de sucre glace
10 g de beurre
1 c. s. de jus de citron

1. Beurrez un grand moule rectangulaire peu profond. Tapissez-le de papier sulfurisé, en laissant ce dernier dépasser de 2 cm.

2. Écrasez en poudre fine 200 g de petits-beurre. Malaxez le reste en chapelure plus grossière.

3. Faites fondre le beurre dans le lait à feu doux, en remuant constamment. Dans un saladier, mélangez les deux chapelures de biscuits avec le zeste de citron avant d'incorporer le lait chaud. Remuez bien. Étalez la pâte dans le moule, couvrez et réfrigérez 20 minutes.

4. Pour la garniture, préparez un glaçage avec le sucre, le beurre et le jus de citron que vous faites fondre au bain-marie.Versez cette crème sur le fond de pâte et réfrigérez plusieurs heures. Découpez en 24 carrés.

Carrés à la noix de coco et aux abricots

Pour 24 carrés

Préparation 10 minutes • Cuisson 10 minutes
Réfrigération 3 heures au moins

250 g de petits-beurre
100 g de beurre détaillé en cubes
125 ml de lait concentré sucré
40 g de noix de coco râpée
80 g d'abricots secs détaillés en dés

Garniture au chocolat blanc
200 g de chocolat blanc
2 c. c. d'huile végétale

1. Beurrez un grand moule rectangulaire peu profond. Tapissez-le de papier sulfurisé, en laissant ce dernier dépasser de 2 cm.

2. Écrasez en poudre fine 200 g de petits-beurre. Malaxez le reste en chapelure plus grossière.

3. Faites fondre le beurre dans le lait à feu doux, en remuant. Dans un saladier, mélangez bien les chapelures de biscuits avec la noix de coco et les abricots avant d'incorporer le lait chaud. Étalez la pâte dans le moule, couvrez et réfrigérez 20 minutes.

4. Pour la garniture, préparez un glaçage avec le chocolat blanc et l'huile que vous travaillez en pommade lisse au bain-marie. Versez cette crème sur le fond de pâte et réfrigérez plusieurs heures. Découpez en 24 carrés.

Carrés de café aux noix de macadamia

Pour 24 carrés

Préparation 10 minutes • Cuisson 10 minutes
Réfrigération 3 heures au moins

250 g de petits-beurre
100 g de beurre détaillé en cubes
125 ml de lait concentré sucré
70 g de noix de macadamia grillées hachées

Garniture au café
2 c. c. soluble
2 c. s. d'eau bouillante,
200 g de sucre glace
10 g de beurre

1. Beurrez un grand moule rectangulaire peu profond. Tapissez-le de papier sulfurisé, en laissant ce dernier dépasser de 2 cm.

2. Écrasez en poudre fine 200 g de petits-beurre. Malaxez le reste en chapelure plus grossière.

3. Faites fondre le beurre dans le lait à feu doux, en remuant. Dans un saladier, mélangez bien les chapelures de biscuits avec les noix, avant d'incorporer le lait chaud. Étalez cette pâte dans le moule. Couvrez et réfrigérez 20 minutes.

4. Mélangez le café avec l'eau bouillante, puis incorporez le sucre glace et le beurre en travaillant le glaçage au bain-marie pour obtenir une crème lisse. Versez cette crème sur le fond de pâte et réfrigérez plusieurs heures. Découpez en 24 carrés.

Paris-brest, profiteroles et éclairs

Préparation 10 minutes • Cuisson 30 minutes

Pâte à choux

20 g de beurre
60 ml d'eau
35 g de farine
1 œuf

1. Préchauffez le four à 200 °C. Graissez légèrement deux plaques en métal.

2. Mélangez le beurre et l'eau dans une petite casserole ; portez à ébullition. Ajoutez la farine ; remuez à feu doux avec une cuillère en bois jusqu'à ce que la préparation se détache de la casserole et forme une boule lisse.

3. Transférez la pâte dans un bol ; incorporez l'œuf en fouettant jusqu'à ce que la préparation devienne luisante.

4. Mettez-la dans une poche à douille munie d'un embout de 1 cm ; préparez les éclairs, les profiteroles et les paris-brest en suivant les indications des recettes suivantes.

Crème pâtissière

250 ml de lait
½ gousse de vanille, fendue
3 jaunes d'œufs
75 g de sucre en poudre
2 c. s. de Maïzena

1. Mélangez le lait et la vanille dans une petite casserole et portez à ébullition. Quand le lait a bouilli, retirez du feu et jetez la gousse.

2. Battez les jaunes d'œufs, le sucre et la Maïzena jusqu'à obtention d'un mélange épais. Sans cesser de battre, ajoutez progressivement le lait parfumé à la vanille. Remettez le mélange dans la casserole et faites chauffer à feu doux en remuant sans cesse, jusqu'à épaississement.

Caramel liquide

220 g de sucre en poudre
125 ml d'eau

1. Mélangez le sucre et l'eau dans une poêle moyenne à fond épais. Faites chauffer à feu doux jusqu'à dissolution du sucre, puis portez à ébullition.

2. Baissez le feu et laissez cuire à feu doux sans mélanger, jusqu'à ce que le sirop prenne une teinte brun doré. Retirez la casserole du feu et laissez reposer jusqu'à ce que les bulles se soient résorbées.

Paris-brest

Pour 16 paris-brest

1. Formez des petits cercles de pâte à choux à l'aide d'une poche à douille et faites cuire 7 minutes à four chaud. Baissez le four et prolongez la cuisson pendant 10 minutes jusqu'à ce que les couronnes soient légèrement dorées et croustillantes. Coupez-les en deux horizontalement ; laissez cuire encore 5 minutes jusqu'à ce que la pâte soit sèche. Laissez refroidir à température ambiante.

2. Mettez la crème pâtissière dans une poche munie d'une douille de 1 cm ; déposez de la crème sur la base des couronnes, puis recouvrez avec les moitiés supérieures. Placez les paris-brest sur une plaque garnie de papier d'aluminium. Arrosez-les de caramel liquide et garnissez d'amandes effilées.

Profiteroles

Pour 24 profiteroles

1. Déposez des petits choux de pâte sur les plaques en réservant 5 cm entre les choux, puis faites cuire 7 minutes à four chaud. Baissez le four ; faites cuire 10 minutes supplémentaires jusqu'à ce que les choux soient légèrement dorés et croustillants. Pratiquez une petite ouverture sur le côté et prolongez la cuisson pendant 5 minutes jusqu'à ce que l'intérieur soit sec. Laissez refroidir à température ambiante.

2. Mettez la crème pâtissière dans une poche munie d'une douille de 1 cm ; garnissez les choux de crème par la fente latérale. Disposez les profiteroles sur une plaque tapissée de papier d'aluminium ; arrosez-les de caramel liquide.

Éclairs au chocolat

Pour 16 éclairs

1. Façonnez des bûchettes de pâte à choux de 5 cm de long sur les plaques préparées, en espaçant chaque éclair de 3 cm, puis faites cuire 7 minutes à four chaud. Baissez le four et laissez cuire encore 10 minutes, jusqu'à ce que les éclairs soient légèrement dorés et croustillants. Ouvrez-les délicatement en deux dans le sens de la longueur, ôtez le centre moelleux et laissez cuire encore 5 minutes, pour qu'ils soient secs. Laissez reposer à température ambiante.

2. Mettez la crème pâtissière dans une poche munie d'une douille de 1 cm ; garnissez de crème la base des éclairs et recouvrez avec les moitiés supérieures. Nappez les éclairs de chocolat noir fondu.

La pâte à choux doit se détacher de la casserole pour former une boule.

Fouettez la pâte à choux jusqu'à ce qu'elle devienne brillante.

Faites des bâtonnets de pâte (ou des boules) avec une poche à douille.

Bouchées au caramel

Pour 50 bouchées

Préparation 10 minutes • Cuisson 15 minutes

125 g de beurre coupé en morceaux
395 g de lait concentré sucré en boîte
2 c. s. de miel
150 g de sucre roux
100 g de chocolat noir fondu
35 g de noisettes grillées grossièrement coupées

1. Graissez un moule à gâteau carré et tapissez le fond et les côtés de papier sulfurisé.

2. Mélangez le beurre, le lait, le miel et le sucre dans une casserole moyenne ; faites cuire à feu doux en remuant, jusqu'à dissolution du sucre. Augmentez le feu ; faites cuire en remuant pendant 10 minutes environ, jusqu'à ce que le mélange soit lisse et ait pris une teinte dorée.

3. Versez le caramel dans le moule préparé ; laissez refroidir. Retirez-le du moule. Couvrez de chocolat ; garnissez de noisettes. Laissez le chocolat prendre à température ambiante ; coupez en petits carrés pour servir.

Astuce *Le caramel doit être retiré du feu quand le mélange commence à se détacher du fond et des côtés de la casserole.*

Sablés au caramel et au chocolat

Pour 24 sablés

Préparation 25 minutes • Cuisson 15 minutes

150 g de farine
120 g de beurre coupé en dés
55 g de sucre semoule
400 g de lait concentré sucré en boîte
2 c. s. de sirop de sucre roux
100 g de chocolat noir

1. Préchauffez le four à 180 °C. Beurrez des moules à muffins ou des moules à tartelette.

2. Battez 90 g de beurre, la farine et le sucre jusqu'à obtention d'un mélange homogène. Nappez le fond de chaque moule avec 1 cuillerée à soupe de ce mélange. Faites cuire à four moyen pendant 10 minutes.

3. Pendant ce temps, mélangez le lait concentré, 30 g de beurre et le sirop de sucre roux dans une petite casserole. Remuez sur le feu jusqu'à obtention d'une pâte lisse, sans laisser bouillir.

4. Versez le caramel chaud sur la pâte de chaque moule. Remettez au four pendant 3 minutes environ, jusqu'à ce que le caramel brunisse sur les bords. Laissez reposer 2 minutes puis, avec un couteau pointu, démoulez délicatement les sablés.

5. Faites fondre le chocolat au bain-marie. Nappez les sablés de chocolat fondu et laissez refroidir.

Astuce *Ces sablés peuvent être préparées 3 jours à l'avance et conservées au réfrigérateur dans une boîte hermétique.*

Rochers à la noix de coco

Pour 18 rochers

Préparation 15 minutes • Cuisson 45 minutes

1 œuf (blanc et jaune séparés)
1 jaune d'œuf
55 g de sucre en poudre
120 g de noix de coco râpée

1. Préchauffez le four à 140-150 °C.

2. Battez les jaunes d'œufs et le sucre dans un saladier pour obtenir un mélange aéré. Incorporez alors la noix de coco. Montez le blanc d'œuf en neige ferme puis mélangez-le à la pâte.

3. Formez de petits tas de pâte sur des plaques légèrement graissées et faites-les cuire 15 minutes au four. Réglez le thermostat sur 120 °C et poursuivez la cuisson encore 30 minutes. Quand les rochers sont bien dorés, décollez-les avec une spatule et laissez-les refroidir sur la plaque.

Astuce *Ces rochers se gardent 3 semaines dans un récipient hermétique ou 3 mois au congélateur.*

Bouchées à l'abricot et au chocolat blanc

Pour 65 pièces

Préparation 30 minutes
Réfrigération 12 heures au moins

410 g d'abricots secs
250 ml d'eau bouillante
60 g de beurre ramolli
80 g de sucre glace
135 g de noix de coco râpée
1 c. s. de zeste de citron finement râpé
300 g de chocolat blanc fondu

1. Garnissez de papier sulfurisé un moule rectangulaire en le laissant dépasser sur les côtés.

2. Faites gonfler les abricots 30 minutes dans l'eau bouillante puis égouttez-les.

3. Mixez les abricots, le beurre, le sucre, la noix de coco et le zeste de citron. Étalez le mélange dans le moule et laissez raffermir toute une nuit au réfrigérateur.

4. Formez de petites boules de la valeur de 1 cuillerée à café de pâte aux abricots puis trempez-les rapidement dans le chocolat blanc fondu avant de les faire refroidir sur une feuille de papier sulfurisé. Répétez l'opération pour obtenir un nappage uniforme. Mettez à nouveau au réfrigérateur pour faire raffermir le chocolat blanc.

Astuce *Vous pouvez servir ces bouchées avec un cappuccino.*

Cigarettes aux amandes

Pour 32 pièces

Préparation 45 minutes • Cuisson 15 minutes

240 g d'amandes grillées
110 g de sucre en poudre
1 c. c. de cannelle en poudre
30 g de beurre ramolli
4 c. c. d'eau de fleur d'oranger
8 feuilles de pâte filo
100 g de beurre fondu
360 g de miel liquide
1 c. s. de graines de sésame grillées

1. Préchauffez le four à 180 °C. Graissez deux plaques de cuisson.

2. Mixez les amandes, le sucre, la cannelle, le beurre ramolli et 3 cuillerées à café d'eau de fleur d'oranger. Vous devez obtenir une pâte d'amande épaisse.

3. Coupez les feuilles de pâte filo en quatre bandes, couvrez-les de papier sulfurisé légèrement graissé puis posez dessus une serviette humide. Étalez un rectangle de pâte sur le plan de travail et badigeonnez-le de beurre fondu. Façonnez une bûchette en pâte d'amande et mettez-la sur la bande de pâte filo, près d'un petit côté. Roulez la pâte autour de la bûchette puis badigeonnez-la de beurre fondu. Répétez l'opération avec le reste des ingrédients.

4. Disposez les pâtisseries sur les plaques de cuisson et faites-les cuire 15 minutes au four. Pendant ce temps, portez à ébullition le miel et le reste d'eau de fleur d'oranger puis laissez mijoter 3 minutes à feu doux.

5. Plongez les pâtisseries dans le miel chaud puis égouttez-les et saupoudrez-les de graines de sésame. Laissez refroidir avant de servir.

Macarons aux amandes

Pour 22 macarons

Préparation 20 minutes • Cuisson 10 minutes

125 g d'amandes en poudre
110 g de sucre en poudre
1 goutte d'essence d'amandes
1 blanc d'œuf
40 g d'amandes mondées
du sucre glace pour décorer

1. Préchauffez le four à 180-190 °C.

2. Mélangez les amandes en poudre et le sucre dans un saladier. Incorporez l'essence d'amandes et le blanc d'œuf préalablement mélangés. Fouettez énergiquement.

3. Formez des dômes de pâte sur des plaques tapissées de papier sulfurisé, en les espaçant de 3 cm. Coiffez chaque macaron d'une amande entière.

4. Enfournez et laissez cuire 10 minutes environ. Quand les macarons sont légèrement dorés, laissez-les reposer 5 minutes sur leur plaque avant de les mettre à refroidir sur des grilles. Saupoudrez-les de sucre glace.

Astuce *Ces macarons se gardent 3 semaines dans un récipient hermétique. Vous pouvez les congeler 3 mois.*

Florentins

Pour 45 florentins

Préparation 10 minutes • Cuisson 6 minutes

120 g de raisins de Smyrne
80 g de cornflakes
60 g d'amandes mondées légèrement grillées
110 g de cerises confites
160 ml de lait concentré sucré
60 g de chocolat blanc fondu
60 g de chocolat noir fondu

1. Préchauffez le four à 180-190 °C.

2. Mélangez les raisins secs, les cornflakes, les amandes, les cerises et le lait dans un saladier.

3. Déposez des petits disques de pâte sur des plaques légèrement graissées, en les espaçant de 5 cm.

4. Enfournez et laissez cuire 6 minutes environ. Quand les biscuits sont légèrement dorés, sortez-les du four et laissez-les refroidir sur les plaques.

5. Décollez-les délicatement et retournez-les. Nappez-en la moitié avec le chocolat blanc fondu et l'autre moitié avec le chocolat noir. Formez des vaguelettes avec les dents d'une fourchette pour décorer puis laissez durcir le chocolat.

Astuce *Vous pouvez conserver les florentins 3 semaines dans un récipient hermétique. Ils ne se congèlent pas.*

Les mini-financiers

Mini-financiers aux amandes

Pour 12 mini-financiers

Préparation 20 minutes • Cuisson 25 minutes

6 blancs d'œufs
185 g de beurre fondu
125 g d'amandes en poudre
240 g de sucre glace
75 g de farine
du sucre glace pour décorer

1. Préchauffez le four à 200-210 °C. Graissez douze moules individuels et posez-les sur une plaque de cuisson.

2. Fouettez les blancs d'œufs à la fourchette dans un saladier. Ajoutez le reste des ingrédients et mélangez le tout à l'aide d'une cuillère en bois.

3. Répartissez la pâte dans les moules. Faites cuire les mini-financiers 25 minutes au four puis laissez-les reposer 5 minutes avant de les démouler sur une grille. Saupoudrez-les de sucre glace avant de servir.

Pratique *Si vous utilisez des fruits surgelés, ne les faites pas décongeler avant de les ajouter à la pâte. Ces mini-financiers se dégustent de préférence le jour même mais vous pouvez les garder 2 jours dans un récipient hermétique ou les congeler 3 mois. Pour les décongeler, passez-les 15 minutes au four (180-190 °C) ou 30 secondes au micro-ondes.*

Variantes

Framboises et chocolat blanc *Incorporez à la pâte 100 g de chocolat blanc détaillé en copeaux. Versez la pâte dans les moules et couvrez le dessus de 100 g de framboises fraîches ou surgelées.*

Citron vert et noix de coco *Incorporez à la pâte 2 cuillerées à soupe de zeste de citron vert râpé, 1 cuillerée à soupe de jus de citron vert et 20 g de noix de coco finement râpée. Parsemez les financiers de copeaux de noix de coco avant de les faire cuire.*

Fruits de la passion *Préparez la pâte avec des noisettes en poudre. Nappez les financiers de pulpe de fruits de la passion avant de les cuire.*

Fruits rouges *Avant de faire cuire les financiers, répartissez sur chacun d'eux des fruits rouges mélangés, frais ou surgelés.*

Agrumes et graines de pavot *Incorporez à la pâte 2 cuillerées à café de zeste de citron ou d'orange râpé et 1 cuillerée à soupe de graines de pavot.*

Chocolat et noisettes *Remplacez les amandes en poudre par des noisettes. Ajoutez à la pâte 100 g de chocolat noir en copeaux. Décorez le dessus des financiers de noisettes grossièrement pilées.*

Prunes *Pour la pâte, utilisez au choix des amandes ou des noisettes en poudre. Décorez le dessus des cakes avec de fines tranches de prunes fraîches avant de les mettre au four.*

Amandes

Framboises - chocolat blanc

Citron-vert - noix de coco

Fruits de la passion

Ces petits financiers délicieusement parfumés sont parfaits pour commencer la journée ou pour une pause-goûter.

Fruits rouges

Agrumes - pavot

Chocolat - noisettes

Prunes

Table des recettes

Index

maraboutchef

réussite garantie • recettes testées 3 fois

Vous avez choisi "Les meilleurs desserts", découvrez également :

Et aussi :

ENTRES AMIS
Apéros

RAPIDES
Recettes au micro-ondes
Recettes de filles
Salades pour changer

CUISINE DU MONDE
Spécial Wok
Cuisine thai pour débutants
Recettes chinoises
Sushis et cie
A l'italienne
Cuisiner grec

CLASSIQUES
Pain maison
Grandes salades
Recettes de famille
Spécial pommes de terre
Pasta
Tartes, tourtes et Cie

PRATIQUE
Recettes pour bébé
Cuisiner pour les petits

SANTÉ
Desserts tout légers
Cuisine bio
Recettes Detox
Recettes rapides et légères
Recettes pour diabétiques
Recettes anti-cholestérol
Recettes minceur
Recettes bien-être
Tofu, soja et Cie
Recettes végétariennes

GOURMANDISES
Les meilleurs desserts
Tout chocolat...

Mise en page : les PAOistes

Hachette Livre (Marabout) - 43, quai de Grenelle – 75905 Paris CEDEX 15

Pour l'éditeur, le principe est d'utiliser des papiers composés de fibres naturelles, renouvelables, recyclables et fabriquées à partir de bois issus de forêts qui adoptent un système d'aménagement durable. En outre, l'éditeur attend de ses fournisseurs de papier qu'ils s'inscrivent dans une démarche de certification environnementale reconnue.

Dépôt légal : février 2010 - 40.1765.3 - ISBN : 978-2-501-06005-9 - édition 02 / Imprimé en Espagne par Gráficas Estella.